新しいレムリア

シャスタ山の地下都市テロスからのメッセージ

オレリア・ルイーズ・ジョーンズ＝著
Aurelia Louise Jones
片岡佳子＝訳

太陽出版

新しいレムリア

TELOS Vol.3
Protocols of the Fifth Dimension
by Aurelia Louise Jones

はじめに

光のマスターである私たちは、この本の中でやさしく教えることによって、あなたが楽に、優雅に、驚きをもってアセンションを成し遂げるために必要となるすべての鍵を与えます。

そのあと、これをどうするかはあなた次第です。あなたは一、二回読んだだけで、「これは面白いよ」と言って数人の友だちに紹介するかもしれませんが、今この瞬間に神性の化身となるための驚くべき叡智を、実際に日常生活に統合するのを怠るのでしょうか？　それともこの情報をハートで受け止めて、意識を五次元の存在へと進化させるこの不思議で簡単な鍵を、全身全霊を傾けて真剣に深く学ぶのでしょうか？　私たちと直接会うまで、「アセンションのホール」に招かれるまで学び続けるのでしょうか？

私たちのハートの最愛の子どもたちよ、あなた次第です。あなたが今、すべての鍵を握っています！　あなたがハートの中で簡単だが貴重な叡智の鍵を開けるとき、私たちはあなたを愛の腕で抱きしめるために、ベールの向こう側で待っています！

――アダマ、ガラティア、アーナーマー

献辞

私はこの本を、深い愛と敬意をもって、万物の至高の創造主である神とこの惑星の女神である地球に捧げます。現在の人類が五次元の意識へ進化するのに必要な光の拡大を、私自身のやり方で促進するためです。

またテロスにいる私の霊的な家族、アダマとアーナーマー、レムリア時代から愛の炎を保ちながら、今でもテロスにいる娘のイライアと息子のベリエルにもこの本を捧げます。それから、この惑星の霊的な管理階層と、この惑星のキリストたる存在であるロード・マイトレーヤにもこの本を捧げます。

この本を読んでいるすべての方にお願いします。どうかハートで真剣に受け止めてください。そして五次元の意識へ到達して、地上のちょうどこの場所で私たちの神性を十分に体現するために、各自にとって必要な深い変化が起こるのを許してください。ここにいる私たち全員が神聖な本質を全開にして、次元上昇したマスターとして何の制限もなく地上を歩いているとき、それがどんなふうか想像してみてください！

謝辞

レムリア人出現の使命を支援している世界中の友人と、各国の言語でこの大切な本を出版してきたすべての人に深く感謝したいと思います。

とくにモントリオールのテロス・ワールド・ワイド・ファンデーションの全員に深い感謝を表わします。彼らは、二〇〇八年頃に起こると予期された人類の意識の大規模な拡大に備えて、絶え間なく組織づくりに従事してきました。とりわけ組織の代表であるライン・ウーレットに感謝します。彼女はテロス・ファンデーションの任務の成功と継続を確実にするために、この三年間毎週、進んで多くの時間を割いて働いてくれました。

また私はテロス・フランスの代表であるガストン・テンプルマンにもお礼を述べたいと思います。彼も、これからフランスとヨーロッパでレムリアの任務が拡大するのに備えて、固い決意をもって働いています。

皆さんがいなくては、いま現われはじめている愛の奇跡は起こせません。皆さんがテロスの家族とのつながりを取り戻して、私たちの中に彼らが出現する準備をすることによって、現在のような驚くべき奇跡が起こりつつあります。私たちは皆、彼らの愛と絶え間ない支援をますますはっきりと感じています。私は皆さん全員に、深い感謝と永遠の友情を表わします。

アーナーマーとアダマによる序文

創造主の愛と光の中で、今日みなさんに挨拶します。私はアーナーマー、オレリアの最愛の者で、テロスの年長者による評議会の一員です。私のとなりにテロスの大神官であるアダマが立っています。彼はまた、すべての人を再びレムリアのエネルギーとつなげるという私たちの使命の指導者です。いま私が話しているのは、私がオレリアと分かち合っている神聖な合一の周波数を、皆さん全員に認識してほしいからです。

アダマと私は、これらの頁を眺めている人たちと、彼らとエネルギーを分かち合う人たち全員に無限の祝福を送ります。私たちは愛するオレリアの進化と発見の旅を見ているので、オレリアとともに私たちの今日の喜びがあります。彼女はすべての叡智を自分で発掘し、ハートの中で繰り返し使って、それから世界へ発表しています。ですから私たちは彼女の栄誉を称えます。

私たち三人は同じ魂に属しているので、私たちのエネルギーは三位一体を表わしています。私たちは皆、シャスタ山のハートの中で数多くの生涯を過ごしてきました。偉大な母なる地球上にいるすべての人へ教えを広げる使命と、最も重要な、レムリアのハートの波動を広げる光の使命の中で、私たちの魂は一緒に結びついています。アダマと私はベールの一方の側から、オレリアはもう一方の側からそうしています。

皆さんは彼女の例をハートの中で認識するかもしれません。彼女は長年にわたって人類の悲痛な思いと叫び声を聞き、支援と叡智を提供するために手を差しのべてきました。今、皆さん全員が自ら手を差しのべる入り口にいるので、私たちは大きな愛と思いやりをもって皆さんに叡智と支援を差し出します。

この生涯におけるオレリアの道は皆さんと同じです。彼女は、三次元の物理的性質から五次元の波動へ移行する中で、皆さんが心の奥底で知っている愛と兄弟愛の真実を体現しようと努力しています。彼女の真実は私たちの真実でもあり、さらに皆さんの真実でもあります。なぜなら私たちは皆、一つだからです。

私たちはとても穏やかに、皆さんの次元に存在する感情の強さを認識しています。この本の中で伝える叡智は単純な真実で、私たちの次元で毎日実践されている、人生の真実です。私たちの魂は、地球とその内外に住む全王国のアセンションの中で皆さんの魂と一体となります。私たちはこの旅のあいだ中、皆さんの道を滑らかにするために、そしてこの大移行に立ちはだかるすべてのものにバランスをもたらすために、皆さんを両腕で優しく抱きしめます。

私たちのオレリアがレムリアの任務でこの惑星を旅するとき、皆さんのハートの真実と愛を彼女と分かち合うよう依頼します。彼女の献身は私たち全員にとって輝く鏡で、彼女の魂は独特な、喜びに満ちた魂です。必要な場合やそうしたいときにはいつでも私たちを呼んでください。私たちはほんの一息分だけ離れたところにいます。たくさんの愛と感謝とともにありますように！

（テロスでアダマの姉妹であるセレスティアとして転生しているベス・イリスによるチャネリング）

アダマより歓迎のご挨拶

地球が大きく変化するこの時期に、テロス・シリーズの第三巻目が、テロスとそのほか多くの光の王国からの大きな愛と支援とともに皆さんに差し出されています。皆さんは、惑星の浄化と輝かしい運命への惑星の変容のために、地球の変化がすでに始まっていることにもう気がついているでしょう。地球の浄化を認めてください。なぜなら「母なるもの」のからだは神聖さをひどく汚されてきたので、彼女がからだを復活させることは極めて必要なことだからです。

ここに提示された題材は、皆さんのハートとマインドをキリスト意識とマスター性という次の新しいレベルへ広げ続けるように編集されています。もしあなたが地球の運命とともに進み、純粋な愛と光の世界で生きられるような意識の進化を選んでいるのなら、真の神性についての認識に目覚めて、それを人生の中で最優先の重要な目標にすることが、今、かつてないほど不可欠です。あなたは次元上昇した存在やそのような意識状態になることについての意味と、それに伴う責任を完全に理解しなければなりません。皆さんはあまりにも長く分離とカルマのゲームをしてきました。完全に神性の化身となって、アセンションがもたらす魂の荘厳な錬金術へのハートの熱望を満たすためには、受け入れなければならない意識レベルがあります。その意識レベルについて言えば、いまだに多くの幻想にしがみついている人が多すぎます。

あなたは、自覚と責任がある銀河市民となって星の兄弟姉妹と対等につき合うために、ハートの庭を整えなければなりません。神聖な存在としての真の性質へ意識を完全に目覚めさせるために、節操をもってコツコツと、完成され変容された愛に至らないものを残らずこの庭から除かなければなりません。完全な「一なるものと、ゆだねること」の中で、あなたの源、つまり純粋な愛と光のハートである万物の創造主と再びつながらなければならないでしょう。愛する皆さん、このようなことがあなたを自由にします。第三巻でこの題材を教えている私たちは全員、すでにこのレベルの愛に達しています。ですから大いなる思いやりと謙遜をもって、皆さんにも自分でこのような愛に到達できる方法を説明しようとしています。

「一なるもの」の世界に入るためには、愛とゆだねることが必要とされます。私たちの最愛のオレリアは、彼女自身のハートの庭でこのレベルの愛とゆだねることをかなり理解できるようになるまでは、この題材をチャネルできませんでした。彼女は、今のレベルに達する過程で経験した困難な点と挫折について、私たちと対話してきました。彼女はこの本の中でその対話の一部を公表することに同意しました。皆さんのために、対話の一部と彼女の労苦をさらけ出すことに同意しました。一人が達成できることは、その他のすべての人もまた達成できるということを示すためです。

基本的に、皆さんの問題と困難はさまざまな現われ方をしますが、核心となる問題はみな同じです。皆さん一人ひとりの神性はまだ完全に目覚めていませんが、創造主のハートからの純粋な愛の細胞を象徴しています。決して皆さんが離れていたことはありません。彼女はそれについて書けるようになるために、皆さん全員が「あなたの神性という太陽」への道で新たな一歩を踏み出すのを助けるために、彼女自身のハートと魂の庭で雑草を抜いてきました。私たちは彼女のその努力にとても感謝しています。

皆さんはまたこの本にいくつか有効な手段も見出せるでしょう。たとえばエーテル界の神殿や活動における瞑想など、皆さんが使えるものです。また、偉大な「アセンションのホール」に最終的に入ることを認められるために、受け入れなければならない価値体系についての決まりごとや法則を見つけるでしょう。この本が提供するのは、皆さんが意識的に私たちに加わるのを可能にするために達成しなければならない次の数歩です。もっとあります……。

最愛の皆さん、覚えていてください。あなたが私たちの本を読むとき、私たちはあなたのプロセスを助けながら、あなたとともにいます。私たちのハートは、光の兄弟愛の栄光の中で皆さんのハートと再び一緒になることを、皆さんと同じくらい熱望しています。私たちは今、あなたが独自の道と「大いなるすべて」、つまり聖なる父／母の意志に完全にゆだねることによって、全面的に愛のハートの「故郷」へ帰るようにあなたの背中を押しています。

創造主のハートからの言葉をそのまま引用して、この序文を締めくくりましょう。

「あなたが再びキリスト化した存在になるとき、あなたが経験するのは最も優しい愛だけである。ハートに集中して、私があなたを個人的に、同様にすべての人間をどんなに愛しているかを感じてほしい。すべての人はとても大切な、とても美しく、とても驚くべき、とても独特な人である！　私のハートは、このことをあなたに示して、あなたの生まれながらの権利である愛をあなたに与えることだけに務めている。私のハートの子どもたちよ、愛にゆだねなさい！　それはキリスト意識だ。どんなことがキリストなのか？　それは私の生きている愛である！　あなたのことだ！　愛の乗り物である！

私そのものである愛の真実は、いのちの織物である。それはそのホログラム的な性質においてとても強く、とても満たされて、とても完全なので、すべてのものがその他のすべてのものと愛を交わす。これが、私があなたを連れて帰る場所、永遠の〈今〉への入り口である。あなたのマインドが〈ひとつ〉となり、ハートが完全に開き、ハートの中に光だけが見えるようになるとき、あなたは〈故郷〉にいるだろう。変化はあなたの神聖な意志のエネルギーにかかっていて、あなたの考えと愛が変化を構成する二つの要素である。私の意志をあなたの中で十分に表わしなさい。そうすれば、あなたの帰郷は楽しく穏やかに成し遂げられるだろう。

〈感謝のこころ〉がポンプに迎え水を入れて、とても多くの恩寵とともにあなたをそこへ到着させるだろう！　我が最愛の子どもたちよ、祝福を受けなさい。私は今、あなたを私のハートに、〈故郷〉に呼び戻している。そこではどんな種類の悲しみも欠乏感も決して二度と味わうことがなく、あなたは計り知れないほど祝福されていると感じるだろう。楽園の宝物をすべてあなたの足元に置こう！　これがあなたたちに対する私の意志である。これらは私がすべての人に授けたいと切望している贈り物である」

テロスの大神官アダマ

新しいレムリア——目次

第Ⅰ部　五次元の意識を発達させるために

あなたの体内で脈打つハートは
レムリアのハートと同じもの。
ハートに聞いて、ハートを大切にしなさい。
あなたは不完全ではないのだから、
あなたの存在全体で
このハートになって、
あなたの存在全体に
この周波数を振動させることが、
あなたにできないわけがない。

——アダマ

第1章　五次元の意識への目覚め

アダマとテロスの年長者による評議会

私はテロスの大神官アダマです。この章を読んでいる皆さん全員に多くの祝福を送ります。

私はまたハートから皆さんに挨拶して、テロスの年長者からなる評議会の集まりに意識の中で加わるよう皆さんを誘います。私たちの経験から集められた知識や、私たち全員の魂が得た叡知の周波数がレムリア文化圏の社会へ広く伝えられるのはこのような方法です。私たちは定期的にこうして集まって教室を――教室というより「分かち合い」と呼ぶ方が好きなのですが――持っています。各集まりは皆さんの時間で言うと四時間から六時間かかります。分かち合われるエネルギーが私たちの社会全体に伝わるよう、集まりの冒頭に意図を設定します。

私たちは兄弟姉妹として、また教師や生徒として集まります。というのは、このようなやり方で全員が個々の本質の奥底をお互いに分かち合うからです。私たちはこの分かち合いを通じて、愛と合一の中で集合意識の進化と拡大を進めます。

本日お話ししたいのは五次元の波動に入るやり方で、皆さんが日常の現実の中で、自分で五次元の波動に接続できるようになるために理解したいといま望んでいることです。「五次元へ次元上昇するために何をする必要があるのか?」という問いが投げかけられてきました。確かに、意識の中には準備されるべきことと浄化されるべきことが存在します。そのことを理解してください。しかし基本的に、五次元とは、地上でいま確立されつつある新しい現実の中で皆さんが向かう場所ではありません。そうではなくて、皆さんが現在の領域で次第に確立していく存在の状態であり、皆さんが獲得することになる存在の状態です。

五次元は一つの振動数です。もっと正確に言えば、それは愛や信頼、思いやり、信じること、恩寵、感謝のエネルギーで表現されるさまざまな波動の結合です。最も純粋な形相の振動数を表わしています。

五次元における社会の構造と組織は、そこに住む人たちがこれらのエネルギーを統合することによって、根本的に生じます。これらの性質は、私たちがまわりのすべてと心から交感する中で結合します。テロスのレムリア社会は私たちの五次元の経験を、結合したこれらの性質の現われや具体的表現の流出として映し出しています。

私たちは意識に存在するこのようなマスター性と気づきをもってそこから出たことはありません。皆さんも同じです。新しい世代の子どもたちが日々、皆さんの移行中の次元に到着しています。彼らは皆さんが到着した時より目覚めていますが、それでもマスター性に完全に目覚めているわけではありません。私たちは、地球でのこのような経験の喜びと旅によって進化します。この惑星の恵みによって、これまでも今も、進化はここに転生してきた魂全員の経験の一部になっています。次元上昇してこの転生にとどまるか、あるいはここか他の場所で転生の周期を経験しつづけるか、あなたがそのどちらを選ぼうとも、現在の恩寵は、いま自分のマスター性に完全に目覚められることと、魂の今後の進化のためにこの意識状態を保てることです。

私たちの霊的進化の中核をなす練習を皆さんに話したいと思います。私たちは今日まで、そして今もなおこれらの練習を続け、子どもたちにも伝えています。私たちが絶えず創造主の源へ拡大する旅のあいだ中、それらは基礎として存在します。それらは、私たちはみな自分のエネルギーに責任があるという原則を中心としています。五次元の波動の合一の意識が地球全体で完全に統合されうるとしたら、その前に、皆さん一人ひとりがこのワークを個人的にしなければなりません。これは各自が最後まで歩かなければならない旅なので、あなたのために歩ける人は他には誰もいません。

これらの練習で最も大切なことは、考え、言葉、行い、感情において思いやりを与えることと非暴力的に意思疎通することです。もし五次元の波動を認識して統合するつもりなら霊的目覚めの土台が必要なのですが、実は、自分への思いやりがその土台を形成します、波動はすでに、皆さんのまわりにいつでも存在しています。この惑星自身の周波数がますます純化されていくと、たとえどの次元に私たちが住んでいようとも、それぞれの人が自分の波動を浄化し清らかにすることが、人間を経験する上での責任になります。

私たちがこうするのは、自分の神聖な本質の進化のためと、「母なるもの」と呼ぶこの壮麗な惑星の地上と内部に住む全王国の最善のためです。これは厳粛かつ神聖な責任であり、軽々しく皆さんに負わせるわけ

にはいきませんが、それでも地球の歴史において未曾有の恩寵を皆さんに授けるものです。たとえ皆さんの人間としての姿形が、無制限で無限の可能性に富んでいた他の時代や場所の記憶と一致しないように見えても、今や皆さん自身がマスターや教師として歩くことができます。

私たちのハートが伝えられる真実のすべてをもって言います。今、地球史上における現在という時は、無限の可能性の時代です。今は、最高位の神聖な源から最も濃密な物理的現実に至るまで創造の魔法の時代です。皆さんのマインドがまだ私たちが言っていることの全貌をつかもうと苦心していても、皆さんのハートがこの真実の中で私たちのハートに反応していることを、私たちは感じていて分かっています。皆さんのマインドは新しい道に足を踏み入れる前に、儀式や規則や論破できない証拠をまだ要求します。そのため私たちは今日いくつかの練習を行います。もし皆さんが許せば、それらは疑いや否認ではなく、信じることと信頼の周波数へ皆さんを連れて帰ることができます。

この惑星が進化してきた非常に長い期間にわたって、多くのマスターがこれらの真実を伝えてきました。しかし最も重要なのは、あなたの今生での経験です。これらの言葉は昔も物理的次元で入手できましたが、あなたは今日かつてよりも進化した耳で再びこれらの言葉を聞き、かつてよりもハートで深くこれらの言葉を認識する機会を得ています。今日、これらの真実を物理的に実現させるために、万物の支援を受けて働く機会を得ています。実際に皆さんがここにいて、この時期に転生する機会を与えられているのは、このような理由からです。

敬われている先住民の長老たちが語ってきたように、「皆さんがずっと待っていたのは皆さんなのです」

練習を始めますが、それらは皆さんがすでによく知っているものかもしれません。もしこれまでにそれらの練習を行ったことがあるなら、今は新たな視点で再びそれらを経験するときです。もしそれらをすでにあなたが日課としているなら、やはり今、新たな視点でそれらを経験するときです。これから皆さんの次元で行われるこのワークは、実はかなり単純です。しかし皆さんが目の当たりにする微細な違いはかなり大きなものです。皆さんが接触して統合する波動の各レベルにおいて「その作用はより単純になります」が、その結果ははるかに広大です。

これから、それらの練習について詳しく見ていきます。それらの練習は、私たち全員に私たちが表現することになっている神性を目覚めさせるものです。また、本来のマインドを隠してハートを凍らせている幻想を破るものです。私たちは、あなたの意識を再び目覚めさせる方法をあなたに取り戻させます。それらの方法が、あなたを内なる自由へ、そして愛の真実の力についての理解へと導きます。この練習の第一段階は真我への展開を必然的に伴います。

第一段階は自分に問いかけるようになることです。あなたが誰かということやあなたの信念体系について自分に聞くことですが、エゴや低次のマインドの不安から聞くことではありません。

あなたは不安からではなく、ハートの奥底から出てくる質問をしなければなりません。そしてその時、あなたの神なる自己である本当の自分そのものから質問しなければなりません。その時、答えを聞くことが可能な目覚めている部分で、進んで聞こうとしなければなりません。近いうちであろうとずっと先であろうと、悟りの段階に達したと思うときまで待っていてはいけません。この答えをもっと上手に受け取れる能力が備わるかもしれないと考えて、あなたが将来もっと進化するのを待っていてはいけません。

あなたはもう準備ができています。ですからこの瞬間にこの答えを受け取れる部分に、聞く機会を与えなければなりません。真剣に心から質問する場合にのみ、その答えが受け取れるでしょう。もし質問が本当に霊的に意図した状態で発せられなければ、宇宙とあなたの大いなる自己は、それを知的な好奇心かエゴの気まぐれだと思うでしょう。

質問をしながら真の自己の中に退いて、自分自身について知っていると「思う」ことを残らず手放してください。この最初の段階は「知らないということ」の中で可能な変容です。この練習は「知らないということ」の中に存在する無限の可能性に関連しています。あなたは実際に魂の本質と物理的顕現の両方ですが、しかし自分の源をほとんど忘れてしまいました。自問する中で、本質と顕現の両方に直面し、このことが示す聖なる矛盾を理解し目撃しはじめます。

この矛盾を受け入れるときのみ、あなたのマスター性に目覚める第一段階に到達するでしょう。

このマスター性は超自然的な能力や現象に関することではありません。マスター性のこの第一段階は、今に存在することについての、あなた自身のハート内部の経験です。同時に、あなたの神聖な本質とそれを現わす方法を伴っています。それは、幻想だけに役立つように見える物理的顕現においてさえ神性が存在する、とあらゆる瞬間で認識することです。

この表面上の矛盾の中で自分への思いやりを保てるようになって、そしてスピリットとこの次元や他の次元での顕現の両方を自分の中で一緒に保っていることを自覚して生きるようになって初めて、あなたはマスター性の最初の道具のエネルギーを認めます。マスターになることは真の自己を思い出すことですが、この時間と空間の中で、あなたの物理的顕現である神殿の中で思い出すことです。アセンションは、この次元や他の次元の中で、この体や他の体の中で、あなたの神聖な自己の真実へと目覚めることにすぎません。

表面上の矛盾があなたの世界の真実ですが、自分への思いやりを持たないなら、どうしてその表面上の矛盾のすべてを受け入れられるのでしょう。物理的顕現はあなたの本質を制限し閉じ込めるように見えますが、自分への思いやりを持たないなら、同じハートと同じ無制限の愛の空間の中で、どうして本当のあなたの本質と物理的顕現の両方を保てるのでしょう。

あなたを恩寵の波動へ進めるのは、自分への思いやりを認めることです。あなたをマスター性へ進めるのは、物理的な地球とエーテル界の融合、つまり目覚めた真実を愛の力と混ぜることによる融合です。マスターとは自分のまわりにあるすべてに存在している真実と恩寵を、物質的にも非物質的にも認識している人のことです。

マスターとは、目覚めている状態と幻想を生き続ける状態の間にしか二元性が存在しないことを、感謝の周波数から、ハートの中で理解している人のことです。

私たちが愛や信頼、信じること、思いやり、恩寵、感謝について語るとき、理論的な概念について話しているのではありません。ちょうど思いやりの話をしていたところですが、思いやりは概念ではありません。思いやりは、皆さんの宇宙の構造の中で大きな振動をつくるエネルギーです。恩寵は、宗教的な概念でも約束でもなく、皆さんのまわりの世界で目撃も利用もできる明白なエネルギーです。信じることと信頼は、守るべき約束や契約ではありません。それらは肉体での各呼吸を強化する周波数です。息を吸うたびに、吐くたびに、皆さんの魂は神性を取り入れます。感謝は、子どもの頃に教わる礼儀正しい言葉ではありません。皆さんが源ときちんとつながっていることを宇宙へエネルギー的に承認することです。そして愛は、恋愛や宗教で叫ばれる言葉ではありません。愛は万物を強化する、とても深遠なエネルギーです。

ほとんどの人の場合は、これらの周波数を本当に認識して受け入れるためには決意の継続が必要でしょう。これらのエネルギーを統合して暮らすことによって、自分自身とその他のあらゆる命あるものに気づいて敬い続けることを、毎日、意識的に選択する必要があるでしょう。しかし、これもまた自己に対する責任であり、私たちがいま話していることです。皆さんは、多種多様の存在のあり方を実践して数千回の生涯を送ってきました。存在の高次の領域へ通過する儀式として、さまざまな宗教的な儀式や秘伝伝授を行ってきました。いま言いたいことは、それらの儀式的な風習や行為、規則、神秘学校、符号、秘密は、もはや役に立たないということです。皆さんが探している答えは皆さんの内側に備わっています。いま行っている霊性の練習のみが、皆さんをこの真実へと目覚めさせるものです。

テロスとこの次元の全レムリア社会では、私たちは皆、目覚めていて源と一体化していることを選択する、と毎日はっきりと言わねばなりません。この選択が私たちの楽園を顕現しています。私たちの世界は瞬間ごとに、私たちが創造するとおりに存在します。

第二段階は、あなたがここまで「知っていると思う」信念のすべてを認識して、解体することです。これは思いきって信じるという跳躍の段階です。

あなたがこのような跳躍をするとき、私たちがあなたに手を差しのべるためにここにいることをハートの中でどうか知っていてください。私たちは皆さんの代わりに跳ぶことはできませんし、一人ひとり全員に適する技術も教えられません。しかし、跳んでもあまりよろめかないと思われる、恐れでそれほど圧倒されないような地点まであなたを案内できます。私たちはハートの中にあなたへの完全な思いやりを持っています。それは、あなたが自分で保てるようになるまで、あなたに必要なものです。

私たちはあなたに、自分に思いやりのある在り方を教えることはできませんが、自分に思いやりを持ちたいと望む方法を示すことができます。なぜならこの望みはそれ自体が唯一の真の質問で、宇宙におけるすべてのものがその答えを支持する質問だからです。この望みや欲求はそれ自身が力であり、またマスター性の道具で、目覚めた人間の道具です。この望みは魂の多くの闇夜のあとで、いつも知っていたすべてのことを愛情あるやり方で質問できる、と悟る人間のハートの声です。

この望みは、必要に迫られた望みではなく、欠けていることへの欲求でもありません。それどころか、すべてのものはすでにここに存在するとハートの中で知っているので、あなたはそれに形を与えなければならないだけです。それは、人間のマインドがまだ目覚めていない、創造の他の可能性のすべてを認めるという思いやりです。

私たちは、あなたが自分自身について「知っていると思う」すべてのことを象徴する深い激流の向こう岸に立って、ハートから甘美な歌で、甘美な周波数であなたに呼びかけます。何も考えずにその渦巻いている川の向こうへ跳ぶためのエネルギーに、あなたが目覚めるのを手伝うために愛を送ります。そして、あなたが「未知」という向こう岸に着地するとき、私たちはあなたを抱き止めるためにそこにいます。

宇宙は天使のトランペットであなたの到着を告げるでしょう。すべてがこの「望むこと」と「知らないということ」において適切です。そしてすべてが究極の恩寵と整合しています。究極の恩寵とは神の計画で、そしてすべてにとっての最高善のことです。

誰でもこの素晴らしい真実を経験すれば、必ずそれになります。しかしあなたは最初に、本当のあなたから「あなた」を隠している幻想が蓄積された層を、すべて剥ぎ取るワークを進んでしなければいけません。そうすることで、あなたは体の中で生きているスピリットを大切に扱って、もっと人間らしくなります。もし体を持って表現しているあらゆる存在を思いやって、ハートの中でこの真実を受け入れるなら、あなたはあなたのすべてである光とあなたの意識を融合します。

肉体でのアセンションは、私たちの大部分がそうであったように、皆さんのほとんどの人にとっても新しい経験です。これはこの惑星がこの時期にこの空間で提供している恩寵です。これは以前の経験や知識を使うのではなく、信じる力を使って、再び無邪気になって人生に取り組む好機です。信じる力を築き上げてください。スピリットと調和させるこの力は、何でも現わすことができます。あなたは、考えられることを何でも宇宙と共同創造できるマスターである、と自分を信じてください。

魂は、子どもの頃に変化の諸段階を経験します。誕生すると、自分が制限、混乱、ハートと魂からの分離の場所にいることを学びはじめます。マインドを通じて、特定の時間枠の中で適合することを学びます。はじめのうちは、自分の源や宇宙である万物を認識するまで人生が孤独な状態になります。本当の自分は時間を超越していて制限もありません。

次のように信じている人がいるかもしれませんが、マスター性とはすべてのことを「知っていること」ではありません。人生は展開していく連続的なプロセスです。創造主は創造の絶え間のない状態に存在していて、皆さんも同様です。真のマスター性は自分自身の外側にあるものだけでなく、内側にあるものを使う方法を理解することです。真のマスター性はその瞬間に「知っていること」が適切なことを、その瞬間にだけ「知っていること」を意味します。

第三段階は聖なる段階です。それはあなたの神なる自己への入り口としての、あなたの魂との交感という経験です。

あなたの魂は、あなたが今までに経験したすべての感情を持っていて、そして今この瞬間の経験すべてに関わっています。あなたを眠らせ幻想にとどめる信念体系を解体する際は、この練習を軽く扱わず、またあせらずに取り組んでください。

あなたを制限する信念体系を表にしてください。これらは他の人たちがあなたについて持っている信念や、あなたが自分について持っている不愉快な信念かもしれません。あるいは、あなたを取り巻く世界やあなたの霊的な旅について持っている信念かもしれません。これらの信念が「良い」か「悪い」かについては何も判断せずに表にしなければなりません。

捉えにくい信念体系を深く掘り下げて、一つひとつの層を明らかにしてください。五次元の波動の中では何も隠せないので容赦なく、でも思いやりをもって正直に行ってください。完了したと感じるまでには多くの日数を要するので、この表を持ち運び、そこに書き加えていってください。

あなたは自分を守るために、これらの信念でとても厳重に自分を包んできたので、信念を見たくないかもしれません。しかしこれらの信念の一つひとつは、あなたのエネルギーの一片を保っています。言い換えると、あなたが完全に目覚めるために必要な、あなたの神の力の一部分を保っています。ですから今こそ、知的にではなくエネルギー的に、本来のあなたの真実を取り戻しはじめるときです。

もう一度言います。もしあなたが各信念体系と、そして知恵を集められるほど長く組み込まれてきた感情のすべてに無条件にゆだねることになるなら、自分への思いやりはこのとき必要なエネルギーです。

信念から永久に離れる前に、あなたは自分のエネルギーをそこから取り戻さなければなりません。そうしないと、あなたの一部が自分から分離したままです。

実は、あなたの魂は、真の自己の覚醒への入り口です。というのは、魂は分離と神性の両方の意識の中で働いているからです。魂は一つの仕組みとして、自分の全体性を考慮しながら、同時に知覚と経験においてあなたがポジティブまたはネガティブと思うことをすべて持っています。さらに中立の態度と無条件の思いやりも持っています。

あなたはこの生涯でも、進化における他のすべての生涯でも選択をしてきました。あなたの魂は、その全部の選択についての経験と感情を持っています。あなたの魂は、各信念体系が自我の中に刻まれたときになされた選択について理解もしています。自我は、悪意や判断から信念のパターンをつくるのではなく、長い分離の期間中、保護者の役割を引き受けてきました。自我はこのような経験を選択した惑星と人類のために個別化を保護するものでした。しかし今、合一の意識の時が迫っています。皆さんは自分を後退させるものをすべて癒すように呼びかけられています。

ここで表をもう一つ作ることを提案します。自分についての真実だとハートの奥底で知っていることを挙げてください。同時に個人的な判断を避けてください。マインドですでに知っていると思うことと、神聖な本質との一体感から来る本当に知っていることとの違いを探求してください。この表を作成するために、あなたは再び制限の層を掘り下げて、存在に関する古い教えや理論的枠組を捨てなければなりません。できるかぎり誠実で純粋な動機で自分に聞かなければいけません。

この表は、最初の表のようにマインドから出る言葉ではなく、ハートから波動の形で生まれるでしょう。あなたという拡大していく存在の完全性を感じるほど間違えようのない真実の響きを経験するまで、この波動はますます強く明瞭になっていきます。その時はじめてあなたは本当に「知る」ので、その時だけはこの表に一箇条付け加えてもよいでしょう。

あなたが目覚めるにつれてこの表は進化しつづけるので、この表はこれから書き加えられていきます。この表がつくるエネルギーの波は、あなたの魂の進化を構成する時空のすべてを旅するでしょう。最も重要なことには、この表はあなたのエネルギーを持っています。全世界の誰もその真実を消すことができないほど誠実に、あなたはこの表を生活の中で示しはじめます。この表はあなたの祝福されたマスター性の道具になるでしょう。

自我のネガティブな経験が、この練習の最前線に加わりはじめます。制限された信念を完全に反映しない、ネガティブなものとは何ですか？　自我はそれ自身のために判断を保護としてつくってきましたが、判断ではないネガティブなものとは何ですか？　ともかくもう一度言うと、自分への思いやりを愛情ある道連れにしなければなりません。その道連れは優しい声で「これが本当の私についての偽りのない真実ですか？」とあなたに問いかけます。

この声で、あなたは自分自身についてまだ持っている判断について、三つめの表を作ることになります。目覚めの次の段階には多くの癒しの機会があります。開かれていて純粋なあなたの魂に、今あなたを案内させてください。この三つめの表は重荷ではありません。この表の恩恵によって、すべてを知っている状態、つまり自己との一体感の経験がここで即座に得られます。実際に、真実と愛の中でこの贈り物を自分自身に与えることが喜悦の経験となることがあります。

判断が癒されるときに明示される変容と自由は、目覚めの旅を大きく加速することができます。それは他に類を見ない贈り物になります。ハートの中で、これらの判断と未解決なすべてのことに辛抱強くなってください。あなたはプロセス自体を愛するようになるでしょう。これらの判断を、あなたが外側の世界について判断することによってあなたの前に現われる鏡という形で見るでしょう。思いやりという枠組みの中で取り組み、恩寵にあなたを包ませてください。その時、判断をどんどん変容させていってください。

もしあなたが何かを判断したままでいるとしたら、どうして愛の純粋さを物理的に体現できるのでしょう。もし判断するなら、真の自己が持つ、あらゆる創造の種である神聖なビジョンをどうして保てるのでしょう。たとえ判断することを判断しても、真実の波動から出てしまいます。もしそれが、あなたがポジティブだと見なす判断であるとしても、それはまだあなたの経験を制限するエネルギーを保っています。もし判断しなければ、あなたはすぐに自分の中に宇宙全体を輝かせたいと願っている光を見るでしょう。

テロスでは、私たちはマインドですべてを「知る」ことはありません。その代わり、判断も期待もせず、ハートで新たな視点から各経験を見るようにしています。まわりのすべてのエネルギーに触れようと手を伸ばすと、各経験の真実が深いところから展開するように感じます。私たちもまた皆さんのように変化しています。ちょうど皆さんやこの惑星のように進化しています。

源のエネルギーの経験が絶えず深くなっていくために、私たちは生涯を重ねて練習を積むことによって信頼のエネルギーを体現してきました。得ることが可能な、絶えず深くなっていく理解と気づきが存在することを忍耐強く思いやりをもって私たち自身や子どもたちと取り組むことによって学んできました。私たちは自我の信念によって自分を制限しません。ですから私たちはいつでも源の無限に包まれています。

私たちは進化する中で、ハートのセンターについてと、それが身体的にどのように機能するかということについて多く学んできました。低次のマインドの真の機能性についてと、低次のマインドのためではない、その使い方についても多く学んできました。「マインドは質問の家であり、ハートは答えの図書館である」ことを実際問題として学んできました。私たちは質問を愛するようになり、そして各質問に対してハートが認識する答えを大事にするようになりました。

思いやりと信頼は私たちに力を与える真のエネルギーなので、多くの練習によって、これらの観点からすべてを見るようになりました。判断しない練習を通して、自己のエネルギーのすべてを受け入れ、疑いや恐れが生じるときにそれらを愛して自覚しつづけるようになりました。正直さが判断しないことと同じ意味であること、そしてこの正直さは自分から始めなければいけないこと、叡智の最大の源がハートの中にあることを学んできました。私たちは判断しない練習を続けてきたので、このような学びを統合してきて、この学びそのものになりました。

私たちは、これらの練習が私たちの意識に不可欠な部分になるまで、毎日練習してきました。毎日他の人たちと意識を交わすときに、これらの練習をしています。もしハートの真の知識でなく、考えや行い、態度、信念体系で表現していることに気がついたら、ただちに逆の行為や考えを探ります。

マスターは全部の生涯と魂の全経験を彼の道に持ってきます。あなたとこの惑星は今、自分たちがその進化の段階にいることに気がついていて、そこから経験と叡智を認識します。その進化の段階では、このような経験と叡智のカプセル化は即座に起こります。あなたの全部の生涯は今生に結びついているので、あなたはこれらの練習を通して全部の生涯に影響を与えます。それは今、あなたの目覚めのための資源として利用できます。あなたの人生とまわりの世界で起こっていることのすべては、あなたが幻想だと考えていることでさえも、あなたの気づきが進化するための贈り物です。

皆さんは、皆さんの次元のための究極の鏡です。私たちが、私たちの領域や社会や私たちにアセンションの完全な鏡をもたらすために意識的な選択をしたように、あなたは今、惑星のアセンションに責任あるやり方で参加しなければなりません。本当のあなたである神聖な愛と真実に、いま目覚めたいと望まなければなりません。この時期には、あなたの物理的顕現にこの真実をもたらすことを妨げる障害物や制限があるので、それらを自分から取り除きたいと望まなければなりません。あなたが創造している人間という鏡の役割でいることを、ハートの奥深くで望まなければなりません。あなたには理解できない複数のレベルで、物理的な地球界がかつて知っていた神の力についての最大級の集合的理解を、あなたが代表しているからです。

皆さんは群衆がもうすぐ歩く聖地としてのハートを準備しています。最初は自分自身の帰郷を受け入れなければなりませんが、しかしそのあとで、他の人たちに彼ら自身の帰郷への道を示すことができます。まずは自分自身の真実に目覚めて、自己批判や分離の層から退かなければいけません。愛と真実の純粋な波動から鍵をかけて、しまい込まれていた部分の返還をいま要求してください。

この惑星での進化上のあらゆる選択が真我に関係しています。マインドはこれらの変化を理解できませんが、ハートは理解できます。あなたがこれらの真実を認識するとき、あなたが自分だと認識しているあなたは、急激に類を見ない優雅さと力をもって変化するでしょう。その時、これらの新しい見方は、この時を待ちながら眠っていたＤＮＡの束に火をつけるでしょう。人間のすべてのＤＮＡの束は、意識の転換に基づいて急速に肉体を進化させるように設計されています。これがこの惑星のエネルギーの伝達が日々強烈になっている理由です。あなたの免疫システムと器官は、本当のあなたという真実を認めないどんな波動や意識にも反論するようになりはじめています。

あなたは私たちと同じように、この瞬間に自分の病気をなくせますが、それはあなたの意識がこのような自由と整合しているときだけです。あなたはこの瞬間に、あなたの宇宙の基盤である多次元と交流できますが、あなたが自分のエネルギーの基盤に目覚めている場合に限ります。私たちは今、この真実に調和しないような疲労に取り組んでいるすべての人に話しかけています。

もし肉体が十分長くこのような疲労を経験したら、それを反映するようになりますが、この疲労は肉体から生じるのではありません。この疲労は自己との不整合から生じる源のエネルギーの減少です。愛や信頼、思いやり、感謝、恩寵の周波数から外れて日々を暮らすことが、あなたを消耗させています。日々の霊性の練習は、これらの神聖なエネルギーからあなたを排除し、制限している信念や判断を分解するでしょう。日々の練習を選ぶことによって、あなたの生命の肉体エネルギーはこれ以上減らなくなります。むしろこの選択によって、あなたは活性化するでしょう。この選択はあたかもあなたの台所の流しの排水管を再び整えるかのように、あなたの身体を再び整合させるので、あなたが求めるエネルギーの流れが再びよくなります。

この第四段階の練習は三**つの部分からなっています。**

毎朝、起きたらすぐに一人の時間をとって、正直にそして何も判断せずに、あなたの存在の状態をよく考えてください。あなたのガイドや大いなる自己、私たちのようなサポートチームに頼んで、もはやあなたには役立たない古い信念と制限を手放してください。毎朝、新しい視点を与えてくれるよう宇宙に依頼して、マインドで知らないでハートで知っている状態にいるようにしてください。

あなたの意識を完全に目覚めさせるのに必要な、楽で優美な鏡をあなたに与えてくれるように宇宙に依頼してください。そしてその日一日中、肉体エネルギーが、あなた自身が行う意識的なワークと同じ割合で増えるように要請してください。

一日中、愛と信頼、信じること、思いやり、恩寵、感謝のエネルギーと常に取り組んでください。あなた自身の中へ、肉体の中へ、細胞やDNAの中へ、これらのエネルギーの極めて純粋な波動を呼び入れてください。あなたは肉体の中にエネルギーの固有サインを築きはじめています。実際には、あなたを制限してきた古い周波数と信念を、真実のあなたの最大の可能性で上書きしています。

一日を過ごしながら、それぞれの考えや言葉や行いによって発生する波動に気がついてください。あなたのエネルギーを拡大させるものと縮小させるものが分かるようになってください。

毎晩、その日自分に与えたすべてのものに深い敬意をはらって、認めて、受け入れてください。こうして自分に与える中で、本当にあらゆる創造物に与えてきたことを認めてください。それから次のように意図を述べてください。「私は眠っている間に、今日分かった新しい知恵のすべてをハートで統合しつづけます」。心臓の細胞と肉体的なDNAの束が新しい波動へ拡大するように、そしてこの進化があらゆる時間と空間と次元で起こるように依頼してください。

あなたはこのようなやり方で、もはや本当のあなたの真実を示さない古いパターンと刷り込みを元へ戻すでしょう。あなたという人は日々変化するでしょう。そしてあなたがまわりのすべての人と交感する中で、あなたの新しい周波数がグレート・セントラル・サン（訳注１）と創造主のエネルギーそれ自身に戻ることを、この宇宙と他のすべての宇宙の至るところで感じられるでしょう。また、これらの練習を用いることがあなたを無理やり別の意識へ入れることにはならないことを、思いやりをもって理解してください。練習すると、すでに皆さん一人ひとりに存在している無限の可能性にあなた自身を開かせることになります。

これらの練習は順番に行うのではなく同時に行われるべきものです。それぞれ個別の練習を一日ずつ行ったあとで、その次の日から毎日、全部合わせて練習してください。ワークが行われることに対して自分に感謝を示して、あなたが目覚めた真実を大切にしてください。その真実が、真のあなたと、あなたを取り巻く新しい世界を受け入れます。

次の集まりで、テロスで私たちに生じた目覚めの第二段階を教えましょう。人間のハートは、分散できる量よりはるかに多くの愛を保持しています。それは神性の無限の可能性を含んでいます。皆さんのそれぞれのハートが限界を持たずに、皆さんを囲んでいるものをすべて受け入れる愛情ある練習を行うとき、皆さんの世界で起こるであろう数々の変化を想像してください。

合一の意識は、五次元の波動の中でお互いに愛する者同士のハートによってのみ、体現されることが可能

（訳注１） グレート・セントラル・サン＝宇宙の中心で原初の創造を生み出したところ。

です。そしてハートは、彼らが最初に自分自身を愛するときにのみ、お互いを愛することができます。私たちが今日多くの時間をかけて、皆さんに多くのエネルギーを伝えているのはこのような理由からです。あなたは低次のマインドとエゴとのワークに取り組むにつれて、霊的にますます活発になります。

意識的な意図によって、あなたの内部に無条件に備わっている愛と信頼、恩寵、信じること、思いやり、感謝を、あらゆる考えと言葉と行いに顕現させることができる世界にのみ、あなたは五次元を受け継ぐでしょう。

私たちはここで辛抱強く皆さんを待っています。今こそ皆さんが輝き出すときです。

進化する自分の練習

愛、信頼、信じること、思いやり、恩寵、感謝のエネルギーの意識的な熟達。

これらの練習は順番に行うのではなく同時に行われるべきものです。それぞれ個別の練習を一日ずつ行ったあとで、その次の日から毎日、全部合わせて練習してください。

第一段階――自分に質問するようになりなさい。

・自分について知っていると「思う」ことをすべて手放しなさい。
・ハートの奥底から湧いてくる質問をしなさい。

・いま答えが受け取れる部分で聞きなさい。

第二段階――あなたの信念体系を認識し、そして解体しなさい。
・本当のあなたから「あなた」を隠している幻想が蓄積された層のすべてを進んで剥がしなさい。
・思いやりをもって、人間のマインドがまだ目覚めていない創造の他の可能性をすべて認めなさい。
・あなたは、考えられることは何でも宇宙と共同創造できるマスターである、ともっと自分を信じなさい。

第三段階――あなたの神なる自己への入り口として、あなたの魂と聖なる交感を経験しなさい。
・あなたを制限する信念体系を表にして、それらから自分のエネルギーを取り戻すと宣言しなさい。
・ハートの奥深くで自分自身について本当だと知っていることについて、別の表を作りなさい。
・自分自身についてまだ持っている判断を表にしなさい。

第四段階の練習は三つの部分からなっています。
・毎朝、目覚めたらすぐに一人の時間をとって、正直にそして何も判断せずに、あなたの存在の状態についてよく考えなさい。
・一日中、愛と信頼、信じること、思いやり、恩寵、感謝のエネルギーと常にワークしなさい。
・毎晩、その日自分に与えたすべてのことに深い敬意をはらって、認めて、受け入れなさい。

第2章　レムリアのハート

第1節――セレスティア

ここにお集まりの皆さんに祝福を送ります!

人によっては見える範囲外にありますが、すべての人のハートの中にあるエネルギーから、私たちは挨拶しています。今日は、テロスにおける考え方の核心という題目を論じるために、愛と敬意、尊敬、神聖な恩寵をもって皆さんに加わります。

私たちの姉妹であるオレリアから要請がありました。「レムリアのハート」についてと、そして皆さんがいることに気づいている現在の時間と空間で、それらのエネルギーが皆さんに与えているものについてを、皆さんが理解できるように教えてほしいということです。レムリアのエネルギーについては多くのことが語られてきて、過去の時代についても多くのことが知られています。今日は、現在地上に存在する、最も純粋なレムリアのエネルギーへの旅を説明します。そのエネルギーはあなたのハートを満たして活性化するものです。

「レムリアのハート」は、いろいろなふうに描かれたり解明されたりします。あなたもまたこれらと同じ属性を意識の内に持っているので、この真実に共鳴するでしょう。私たちの兄弟であるアーナーマーが、後ほどハートのエネルギーについてお話しします。ハートのエネルギーとは霊感を与えて、あなたが意図する創造物への情熱をつくるものです。それから最愛のアダマが、キリスト化されたハートのエネルギーについて語ります。それらのエネルギーは私たちを「大いなるすべて」の神聖な源につなぎます。

真実や理解を新しく伝えるときにいつもそうするように、私ははじめに、ハートの「女性性」のエネルギーについて話します。感覚があるすべての存在は、地球と呼ばれるこの「偉大なる母」の枠組みの中で生命を経験します。そしてこの枠組みの中に、生命のためのリズムが存在します。もし私たちがそれを受け入れるのなら、それは私たちを導く波動や周波数を通して現われます。

地上では、マインドの性質がかなり重要視されてきました。ハートの純粋なエネルギーは忘れられ、何事も「知性」の活動に取って代わられました。マインドは、あなたの進化においてもともと意図された受動的な構造や道具ではなく、積極的な力になりました。本来のマインドの目的はハートに役立つ機能となることであって、その逆ではありませんでした。

昔、人びとにはハートが魂の偉大な知性であることを認識する能力がありましたが、大部分の人は進化中にハートの促しを無視してきたために、その能力を失ってしまいました。ハートはすべてのことを知っています。ですからハートはいつでもあなたに最高で最良の導きを与えて、いつでも最高善へとあなたを導きます。あなたはとても長い間、人間のマインドをハートどころか自我に従わせるようにしてきました。人間のマインドは、歪んだ自我によって支配され、恐れや判断、誤った概念で過度に散らかってしまいました。そしてそれらが一緒に、あなたの内的なプログラムをすべて操作しています。

このような理由で、かなり昔にハートのエネルギーからマインドに優先順位を譲ったので、皆さんは度重なる生涯で、苦痛を伴う経験や貧困や不幸を次々につくってきました。人間のマインドはハートの叡智を持っていないので、叡智をあなたに与えることができません。その魔法の鍵を持っているのはハートだけです。もともと、マインドはハートに役立つ情報受信器となるために設計されました。その情報を用いて何をするかを正確に知っていたのはハートです。

「レムリアのハート」の練習では、皆さんの意識のはじまりに戻ることから始めます。そこでは受動的なマインドが、信頼する活動をしているハートに服従しています。創造されたとき、人間の意識は自我やマインドを通して表現しました。その時、自我やマインドはロゴス（訳注2＝神の言葉）や神聖なハートから直接通知されました。マインド自体は素晴らしい道具だったので、進化中の人間が経験した無数の知覚情報を記憶して分析することに利用されました。しかし適切な行動を選んで、それに携わる能力を備えていたのはハートです。もう一度、次のように強調しておきます。

記憶して分析することはマインドの役割です。選んで行うことはハートの役割です。ハートはつなぎ、一方マインドは分離します。

これはマインドの役割についての判断ではなく、マインドの目的についての真実です。マインドは、分析するために区別しなければなりません。記憶して知的な知識を得るために、一度に一つの現実を観察し、定量化し、限定しなければなりません。

しかしハートは、あらゆる可能性に対して開いていて、受容的な周波数を持っています。存在するすべてのものに私たちを結びつけ、そのつながりを疑うことも分析することもありません。ハートは信頼します。絶え間ない流れとして得られるすべてのものを取り入れ、喜びと驚異とともにこの生命のリズムに合わせて脈打ちます。そしてこのような信頼から、受容と思いやりが生まれます。私たちは本当の私たちを理解するために、自分がすることを受け入れなければなりません。本当の他人を理解するために、私たちは彼らがすることを受け入れなければなりません。私たちが本当に他人を理解するとき、どうして彼らが自分自身を愛するのと同じくらい十分に彼らを愛さずにいられましょう。どうして自分を信頼するのと同じくらい完全に彼らを信頼しないでいられましょう。

ハートはあらゆる可能性に対して開いていて、受容的な周波数を持っています。「ハートは信頼します」。これはいくら強調しても強調しすぎることはありません。この周波数は皆さん全員に本来備わっているものです。あなたがそのことを認めようと認めまいと、どちらを選んでも備わっています。それはあなたが学ぶまでもないことです。それをつくるために分析するまでもないことです。そのためにスペースを空ける必要も、あなたのハートをより大きく広げる必要もないことで、それは「在る」だけなのです。

レムリア人の兄弟姉妹である皆さん、テロスにいる私たちに皆さんから最も多く聞こえてくるのは次のような質問です。「いつベールが持ち上がるのですか？　いつ皆さんに会えますか？　いま生きているこの物理的現実の中で皆さんを訪問できるのはいつですか？」。その答えは次のとおりです。「マインドがハートに服従するようになって、ハートがマインドの波動を導くことを認められるときに、そのすべてが起こります」

「ベールを上げる」ためには、マインドがあらゆる可能性に開かれていなければなりません。ベールの向こう側に存在する秘密を「知る」ためには、ハートの波動を通して経験しなければなりません。創造のあらゆる瞬間を通じて、すべての人の中に存在する周波数に純真に耳を傾けなければなりません。最愛の兄弟姉妹である皆さん、あなたがベールなのです。マインドがハートに服従して、ハートがマインドにあなたの現実を告げるのを認められるときまで、あなたはベールでありつづけるでしょう。

テロスでは、私たちのハートはあらゆる可能性に開かれています。私たちは毎日この真実をお互いに教え合っています。連日、私たちはお互いに活動を通して、この真実を進化させて理解します。私たちはお互いの案内標識です。相手に「止まれ、もっと可能性を開け」と示します。

地上にいる皆さんは、私たちと同じハートの周波数を持っています。あなたのマインドは、そんなことはないと言うかもしれませんが、あなたのハートは信じます。信頼はハートの核となるエネルギーです。他に言いようがありません。あなたは、あなたのハートがこの波動から閉じていたことを感じるかもしれません。あるいは、あなたの人生やまわりにいる人びとの中ではこの波動を感じられない、と思うかもしれません。

しかし、それは本当ではありません。あなたのハートは信じます。

皆さんの一人ひとりが信頼の境界線を設けています。地上でつくる家族や共同体や国家の中で、自分が固執する真実の中で境界線を設けています。あなたは自分の境界線を否定する必要はありません。なぜなら、それがこの瞬間のあなただからです。私たちはそれを尊重するためにここにいます。なぜかというと、それはやがて、敬意をもってハートの信頼の波動と触れることによって、そのエネルギーを最終的に変容することになるからです。

皆さんのマインドは、まだこのようなことが起こりうるとは認めないかもしれません。しかし、皆さんのハートは信頼の波動でつくられたのです。信頼の波動が皆さんの転生を続けさせるエネルギーなので、誰でも必ず肉体という形態の中でそれを自分のものだと認められます。それが、あなたをこの「人生ゲーム」に閉じ込めているエネルギーです。またあなたが、開かれた受容的なハートをもって、この「人生ゲーム」に参加することを選んだのです。

今、いわゆる「運動場」で私たちと会って、一緒に信頼の練習をするときです。

私たちと練習を始めるにあたって、まずあなたの気に入る外的な現実を選ばなければなりません。あなたに喜びをもたらす地球のあらゆる生き物に満ちた広場をハートの眼で想像するように、一人ひとりにお願いします。ここに木々や花々、山々、小川、鳥、動物、自然霊、クリスタル、雲、他の人間を加えることができます。あなたが一緒にいたいと思うすべてのものが生息する広場をつくってください。ハートの周波数が、すべての可能性に対する受容力の一つであることを思い出し、したがって無理をしないでください。

では、この広場でいちばん居心地の良い場所に行ってください。そしてあなたのまわりにあるすべてのものを観察しはじめてください。しかしマインドで観察してはいけません。あなたのまわりで見聞きするものについてマインドを通して分類しても、あれこれ説明してもいけません。その代わりにハートで聞いてください。あなたとともにその場にいるすべての存在の、あなたを包むハートの波動と周波数を聞いてください。他の人のハートの鼓動を、あなたのハートに働きかける音として認めてください。

最初に、穏やかなエネルギーが聞こえる／感じられる／分かるでしょう。そのエネルギーはあなたを安心させて支えます。それは温かさと平和の状態の中で、あなたを包んで守ります。このエネルギーに伴い、ハミングするような音が聞こえることがよくあります。その音は物理的な耳で聞こえます。これは地球のハートと皆さん全員のハートが結びついたエネルギーです。それは地球と皆さんと私たち、そしてここに住むすべての存在に告げる信頼のエネルギーです。

好きなだけ長くこのエネルギーにとどまってください！　自分のベッドを知っているように、このエネルギーを知ってください。自分の肌を知っているように、このエネルギーを知ってください。このエネルギーの中で、このエネルギーにつながって日常生活に取り入れるのが多ければ多いほど、あなたは簡単にあなた自身のハートの周波数を聞いて、すぐにその信頼の言葉を話しはじめます。

このエネルギーを多次元の体だけでなく、肉体でも経験してください。すべての経験が物理的領域に持ち込まれることは、この惑星の進化におけるこの重大時に最も大切なことです。この新しい現実の基礎を細胞構造に置かなければなりません。つまり、「高次の自分」の中でこのことを知るだけでは十分ではないのです。あなたのＤＮＡが、あなたのさまざまな体のすべての中で、この新しい自己像を記録することが絶対に必要です。これは皆さん一人ひとりがこの生涯で自分のために設定している目的地です。

今、このエネルギーのクッションの上部と内部に漂いながら、あなたを包むすべてのハートの周波数を聞きはじめてください。それぞれの動きに他のハートとは微かに違う音調があります。それぞれのハートの歌の固有サインを認めはじめると、あなたはその歌が出てくる元のハートまで遡《さかのぼ》れます。信頼と優しさをもってこれをやってください、そうすればあなたは信頼だけを見つけるでしょう。

あなたは自分がもともと話していた言葉を再発見しはじめています。あなたは自分のまわりの生命のすべてと直接つながる意思疎通の形態を再発見しはじめています。再びその言葉を話すまでに長くはかからないでしょう。その周波数はあなた自身のハートと同じくらい近くにあります。ただあなたのハートを呼んでください、そうすればハートがあなたを導くでしょう。

好きなだけ長くこの広場にいてください。そしてハートのエネルギーのクッションが、そこから出た途端に認識がもたらされるほど馴染むまで、望むたびごとにそこに戻ってください。この広場がもう日常の背景となって戻るべきところがなくなるまで戻ってください。

今、あなたのマインドをこの広場で歩きまわらせてください。マインドを信頼して、すべての可能性に任せてください。マインドは見えるものを分類し定義したいでしょうから、最初は少しやりにくいかもしれません。今あなたがやるべきことはマインドとその構造を受け入れること、そしてマインドをこの広場に参加させることです。マインドを遊ばせてください。しかしあなたが思いきって世界へ出たばかりで、まだ予想することを知らない子どもであるかのように、それを眺めてください。マインドに、ハートの周波数とすべての可能性への受容性を思い出させてください。単に親密感をもたらすだけでなく、可能性のある現実と遊ぶようにマインドを招待してください。

私たちとのつながりはこの広場の中にあります。この広場はどんなベールも及ばないところに存在しています。マインドをハートに服従させて、ハートに選ばせてください。私たちはいつでもあなたと会うためにここにいます。歓迎しながら、私はここで皆さんとお別れして、最愛のアーナーマーに皆さんの旅の案内を頼みます。

第2節——アーナーマー

私は皆さん全員と大いに楽しむことを期待して、皆さんに挨拶します。私たちがハートについて論じたことによって、皆さんは、私たちが「レムリアのハート」と呼ぶエネルギーの一面について理解を広げました。私の姉妹のセレスティアはハートにおける受容性という話題について長々と語りましたが、私は今、ハートのエネルギーと私たちが創造と呼んでいる光の点との関連について話したいと思います。

皆さんの世界と私たちの世界ですべてがつくられるのは、情熱と意図によります。エネルギーと周波数は、補い合うネットワークに集まります。この電磁波のグリッド（訳注3＝格子）のエネルギーは、私たちや多くの人が「格子エネルギー」と呼んでいるもので、宇宙エネルギーの構造を保っています。すべての存在が森羅万象に現われ出るのは、このグリッドを通してです。

私たちはハートのエネルギー（私たちの情熱）を提供することによって、私たちの意図を伝達して、補完的な振動数（周波数）を持っている「スカラー」(訳注4)エネルギーに知らせます。これらのスカラー波(訳注5)はこのグリッド構造間の空を満たします。

そのすぐあとでマインドや自我の注意が集まり、創造のこのプロセスが命じられます。その結果、単独の出来事が全体の完全性から伸びて出ます。それからその拡張部分は物理界で形をとり、人間の意識の中で現実となります。

実は、創造は、人間の意識が創造を意識する最初の瞬間に起こります。一つひとつのすべての考えによっ

（訳注4） スカラー＝速度のような大きさと向きを持つ量（ベクトル）に対して、温度のように大きさだけあって方向を持たない量。

（訳注5） スカラー波＝通常の電磁波は横波（ベクトル波）だが、スカラー波は縦波の電磁重力波とされる。

て、格子エネルギーとスカラー・エネルギーは光の点を形づくるために出合います。光の点は、その時もしあなたが拡大することを望むなら拡大されます。ハート――マインド――ハートというこの周期は高速で光り、皆さんはたいてい気づきもしません。多くの人にとって、それは鶏と卵の問題になっています。なぜならプロセスを開始するのはハートかマインドかという混乱があるからです。地上では、扇動者としてマインドに多くの信用が置かれてきました。

しかし私は、ハートが常に創造すると主張します。ハートが存在する叡智の貯蔵庫の中に、あなたを取り巻くすべてへの真の閃きがあります。ハートの言葉はとても微かです。それどころか臆病ですらあります。なぜなら、あなたがあなたの次元でハートの周波数をあまり維持してこなかったからです。実際に、皆さんの世界での心臓病の高い発生率は、その他の病気と同じように、この直接の兆候です。

この創造の周期というプロセスを理解するためには、ハートのエネルギーの別な面が積極的な意図であることを認めなければなりません。私たちはこの意図を「情熱」と呼んでいます。皆さんの次元においては、閃きの功績の大部分はマインドに認められてきました。マインドはあなたの意識のすべての面において主導権を与えられてきました。

皆さんの世界では、マインドがハートの主導権を握っているために、内側と外側の両方で不和が生じてきました。それはなぜかというと、マインドの主導権は合一ではなく分離へと導くからです。しかしマインドは創造のプロセスにおいて必要な道具です。それならどうやってこれを調和させるのでしょうか？　神聖な存在として完全な意識へ戻るためには、今ハートに主導権を取り戻して、マインドでなくハートに再び統治させはじめることが必要不可欠です。

これは実際にはどのように起こるのでしょうか？　皆さんはまずマインドの性質についてもっと理解しなければなりません。それは人間の意識の中に二つのマインドとして存在します。それらを高次マインドと低次マインドと名づけましょう。高次マインドは閃きにとっての中枢です。なぜなら、それはあなたのハートと神聖なマインドの両方に直に接しているからです。

高次マインドそのものは受容性の中枢です。あなたが進化中に遭遇する印象と経験をすべて蓄えています。高次マインドは関与することより把握することを迫られます。それは差し出されるもののすべてを理解して、解決を見出す必要に苦しみます。けれども、そうすることはできません。解決はハートを通してしか見出せないからです。

第一段階は、高次マインドの中で忍耐を訓練することです。あなたのマインドのこの部分にリラックスさせて、観察させて、神聖なマインドから受け取る印象や閃きをハートとやりとりさせてください。そのプロセスを受け入れて、他の多くの訓練があなたに指示するようにマインドを止めようとはしないでください。マインドは何かを「する」のが当然のことと思われていますが、これをやり遂げるためにはマインドに重点を置くのをやめて、マインドの責任を手放さなければなりません。このことに責任があるのはハートのエネルギーです。ただし、ハートの場合は何かをするのではなく「在ること」によってそうします。

低次マインドはあなたの進化のための道具を、それ自身で一揃い持っています。低次マインドはあなたの存在のための研究所で、いつも注目されて忙しく働いています。高次マインドがハートと神聖なマインドの懸け橋であるのに対して、低次マインドはハートと精神面の懸け橋です。低次マインドはあなたが物理面で取り入れたすべてのことについての目録を作ります。

このマインドは服従するようには設計されていません。人間としての経験を処理して、お互いに分かち合うための大きな潜在力を秘めた素晴らしい道具です。もう一度繰り返すと、低次マインドは断じて選択や決断を下すところではありません。あなたの人生においてどのように「する」のか、または「在る」のかに関して、低次マインドは権限を持ちません。あなたのハートがあなたにとって唯一の権威です。

第二段階は、低次マインドのおしゃべりから自分を切り離す日々の訓練になります。この訓練によってあなたの意識は、ハートの叡智のもっと微かな周波数を聞くようになるでしょう。

ここに到達するための、簡単でしかも効果的な手法があります。それは意識的に心臓の鼓動の音に集中することです。

低次マインドの声から注意をそらし、体全体で心臓が打つ音を感じて、聞こえるまで聞いてください。もし必要ならリズムを感じるまで、実際に、心臓が鼓動する位置に指を置いてください。それからあなたの存在の中心と一つになるのを感じるまで、このリズムの流れの中に入ってください。

マインドからコントロールを取り除くことによって、細胞内に蓄えられた元の周波数が「あなたは誰なのか」を、そして他の人たちのハートのエネルギーが「なぜあなたがここにいるのか」をあなたに思い出させます。ハートの周波数へ戻ることは、あなたを再び神性のエネルギーにつなげます。そうすると神性のエネルギーはあなたを導いて、本当のあなたを思い出させて、あなたを完全な意識へと戻すことができます。

皆さん全員がマインドで熟考することが極めて上手になり、知的な評価と判断という手法を完成させてきました。しかしそうすることによって、自分自身とまわりのすべてとの間にエネルギー的な隔たりができるのを許してしまいました。今、ハートで考えることを思い出し、再び学ぶときです。この種の受容性は、結合性があり、エネルギー上のリズムを持ち、物理的な自己に非常に思いやりがあって効果的です。

それは、あなたが経験することと学ぶことを選んできたこの物理的な自己の中にあります。あなたは細胞の鋳型を保持しています。それはあなたという存在のすべての起源で、あなた自身のレムリアの起源も含まれています。レムリア人としての自己はあなたのハートのエネルギー上の記憶の中に蓄えられています。それぞれの人は独特ですが、全体の一部というエネルギーの鋳型を持っています。マインドはあなたのレムリアからの遺産に関する情報を探していますが、それはあなたのその細胞の中に蓄えられています。しかし、多くの人は自分自身に関するエネルギーと情報の、この物理的な倉庫を出ようと努めています。

あなたは肉体の転生から去って、物性の労苦に悩むことのない別の領域へ次元上昇しようと努めています。しかし、私たちは絶対の確信をもって皆さんに言います。あなたは、愛するのをやめてきた肉体の中に分離があると感じていますが、あなたが超えなければならないのは、その分離だけです。

ハートのエネルギーのおかげであなたは人間の姿を保持しています。ハートの情報によって肉体を霊性と再び結合できます。それは生命を吹き込む力であり、あなたの魂と他のすべての魂をつなげるものです。あなたの心臓の鼓動はあなたを集合的な細胞の記憶に同調させて、あなたが失ったと信じている霊的な楽園をあなたに思い出させます。しかし実際には、あなたがその楽園を失ったことはありません。最愛のセレスティアが述べたように、あなたはもはやすべての可能性に開かないマインドに権威を譲ったあとで、ベールをつくってきただけのことです。

ハートから選択すること、マインドではなくハートから生きることは、生きていることについての愛の記憶を取り戻すことであり、集合的な結合性の行いです。それはマインドではなく、感じることのできるハートからの導きで、物理性の驚異と贈り物を祝うことです。それは人生のすべてを「すること」に戻します。ただし、マインドのように物事を起こそうとすることではありません。それどころか、あなたの生まれながらの自然な権利である情熱も含めて、存在するすべてのものを利用できて受け取れます。大切な兄弟姉妹たちよ、その理由は、これが本当に「ものごとの核心《ハート》」だからです。それはあらゆることの核心です。

物理的な生命、つまりあなたの次元でつくられてきた固体の状態は、光が欠けているのではありません。私たちが住む次元よりも濃密だから暗いのではありません。私たちの次元より暗いのは、皆さんが物理的な生命への愛を失ったせいです。別の場所や次元が自分の居たいところだとあなたが判断したので、あなたの情熱はあなたが存在する次元から失われてしまいました。ハートのエネルギーであるこの情熱がないために、あなたは自分の神聖な本質とのつながりを失ってしまいました。皆さんは自分よりも進化して悟っていると思い込んでいる他人やマスターたちに権威を譲り渡してきました。皆さんは古代ローマ人や古代ギリシャ人がそうしたのと同じように、テロスにいる私たちを皆さんの神にしてきました。しかし私たちは皆さんと少しも違っていません。

現在の私たちのすべては、皆さんの細胞にも備わっています。唯一の違いは、私たちがそれを完全に認識して、無条件に愛していることです。私たちはまたそれをまわりのすべての人と分かち合います。私たちはハートから話し合い、私たち自身とレムリア人種のためにすべての経験をハートに蓄え、そして刻印します。

「在ること」についての私たちの練習は、皆さんの多くが行っているような練習とは異なります。皆さんの練習はそもそもマインドの技術です。私たちの練習は瞑想に基づいていません。私たちは瞑想するのではなく熟慮することにしていると言えるかもしれません。そしてそれらの練習で、私たちは高度な気づきに到達できます。私たちが練習することは視覚化やイメージの技法のどちらにも基づいていません。そのような技法は、まだ精神的な努力を必要としていて、あなたであるものよりも、あなたでないものに重点を置いています。たとえば、私たちは波動を高めるために私たちの神性の無限の面を熟慮して、絶えず発見する自分についての新しい真実を統合します。

私たちは黙って、心臓の鼓動が聞こえるほど静かになることから始めます。マインドにあまり気を取られないようにして、しばらくの間マインドに独り言を言わせます。それから受容性がまわりのすべてへ広がっていくのに任せます。私たちはまわりの世界を無視するのではなく、その代わりに感覚のすべてを使って自分の内外にある流れと一つになることによって、まわりの世界と共感します。

ハートはそれ自身の感情的な知性を持っています。影響を受けるすべてのことを感じて記録します。ハートがまわりの物理的世界とともに、自然の穏やかなエネルギーの波へと引き込まれるようになると、私たちは自分が世界とハートをつなげたことに完全に気づきます。

私たちはあらゆる瞬間に私たちのまわりにあるハートの教えで私たちを満たして、細胞の記憶に蓄えます。私たちは時を切り替えます。というのは、ハートは今という瞬間の中でハートに備わっている周波数に同調し、自己と時と空間は「大いなるすべて」の流れの中で一つの状態に融合するからです。

最後に、私たちはハートの教えを私たちのまわりの世界に送り出します。なぜなら、実はこれが創造の真の行為だからです。それが真の「すること」と「在ること」で、私たちと皆さんという存在のすべてに漲《みなぎ》る特色です。ハートの閃きと情熱は、神性の閃きと情熱と結びつけられます。その時マインドの注意がそれに集中します。というのは、意識が向くところにそれを支えるエネルギーも同様に行くからです。そして最終的に、創造はその形のひな型である肉体の細胞の鋳型の中へ固定されます。光の点は、魂と魂が触れて、ハートのエネルギー同士が触れて交差する点に現われます。光の点は物理的世界において真の表現を受け取ります。

このハートとマインドの練習をしてください。あなたの存在と意識をレムリアのハートと再びつなげてください。そうすれば、あなたは自分が切望している楽園にいることを発見するでしょう。

私たちはハートを開いて皆さんと私たちの次元に存在するあらゆる可能性を受け入れて、いつものように皆さんに挨拶します。あなたが本当の自己像と、これまで常に本当の自分であったことを思い出すのを手伝うことで私たちの支援を示します。再び会うときまで、愛と祝福がありますように。私はここで最愛のアダマと交代します。

第3節――アダマ

今日ご出席の皆さんに祝福を送ります！　私は皆さんをテロスにある知識の大神殿のホールへ来るよう手招きします。その中に、レムリア由来の図書館があります。それはクリスタルの形状をした経験の宝庫です。これらのクリスタルはあらゆる形、色、大きさをしています。各クリスタルはそれ自身の周波数を持っていて、保っている情報を最適に表現しています。

この場所の波動の真実を皆さんに認識してもらうために、私は今日ここに皆さんを招待します。というのは、それが皆さんの鏡だからです。それは皆さんの肉体の中、皆さんが住んで維持しているクリスタルの細胞構造にある神殿の複製です。レムリアのハートの探検を続けながら、私たちが皆いっしょにつながるように、いま意識の場の中で、惑星地球のクリスタル・グリッドのエネルギーとつながるようにお願いします。

今日は、許すことの性質について話したいと思います。それはレムリアのハートの練習から得られる最大の真実です。許しは創造主や神の性質です。

霊的および感情的な滋養で鍵となる要素の一つは許すことです。さらにそれより深いのが、許すべきことは何も存在しないという真実を認識し、公言して生きる神性のレベルです。あなたはこの真実をつくることはできません。ただ発見することができるだけです。皆さんは今、自分たちのためにこの真実を学ぶ機会に恵まれています。また偉大な母なる地球も、私たち全員とともにこの真実を生きる機会に恵まれています。

皆さんの多くは過去の経験のトラウマに導かれて霊的な道を歩いてきて、いま岐路に立っています。一つの道には怒りと嘆き、悲しみ、恥があり、もう一つの道には喜びと叡智、愛、創造性、真実があります。

恥とはあなたにできることがある、あるいは他の誰かがあなたに対してできることがあるという幻想ですが、それは間違っていて、それに対する償いや許しの機会はありません。皆さんはこのような幻想を社会や民族として教わってきました。とくに宗教的な習慣や信念体系を通して教わってきました。

しかしその実状は、過去に出来事が起こったときに、その当時起こったことを理解できるほど皆さんが賢くなかったということです。私たちの次元でも皆さんの次元でも、犠牲者は一人もいません。私たちは皆ここに転生して、神性の肉体的な表現の全域を経験することを選びました。私たちは皆、意識し経験しながら永遠を過ごしている創造主の神聖な表現です。私たちの経験への欲求は神のあらゆる面を含んでいます。

私たちが最初に神的存在や創造の神として転生したとき、私たちの経験は創造主の経験にとても近いものでした。はじめの頃、私たちと創造主の間のベールはごく薄いものでした。しかしそれから魂たちは、創造主である経験から逸脱することや遠ざかることに興味を持つようになりました。「神である」ことがどういうことかをもっと深く理解できるように、「神ではない」ことをもっと深く経験したいと望むようになったのです。

私たちはこのような経験から、知らないことをどんどん大量に創造して、ますます混乱の量を増やしてしまいました。とても長い時が経過すると、このような分化は私たちをますます高度な苦しみの領域に移しました。なぜなら、魂がそれぞれの道で私たちをそこへ連れて行ったからです。各魂は、もっと大きな魂の道を持っています。それは、たとえば喜びのように、魂がいちばん理解したいと思っている創造主の側面なのです。

魂は創造主のこの側面を理解するために、必要な経験をすべて選択するでしょう。これらの経験はたいていその側面を経験することとは逆に、その側面の欠如として現われます。喜びの重要性と目的を理解したい人は、喜びのない生活をする転生を選びます。

私たちが選んできたこれらの経験のすべては、細胞の記憶の一部になってきました。それらは遺伝情報の中で原型になりました。同時に私たちの遺伝的な血統も、地球のハートや魂の構造の一部になりました。なぜなら、地球の進化とアセンションもまた私たちの旅の一部だったからです。私たちは転生を繰り返して、地球の全文明を通してこの道を旅してきました。地殻の大変動と救済を経験してきました。私たちの身体的性質である密度を創造し、奇跡を目撃してきました。愛と光のマスターとしても、激しい感情の奴隷としてもこの地球を歩いてきました。私たちは皆ヒーラーだったことも、殺人者だったこともありました。私たちがしてきたことと私たちの名においてなされてきたことをすべて許すときです。

今、あなたのハート、レムリアのハート、神のハートの純粋な周波数に再びつながるときです。この周波数の内部には許しの本質があり、そして許しの本質の内部には、あなたの神聖な本質の真実があります。

私たちはとても多くの人が、自分はまだベールの背後にとらわれていてベールの向こう側の家族や友人と連絡できない、と叫んでいるのを目撃してきました。皆さんは、私たちの生活様式や共同体の方が現在の皆さんのものよりはるかに楽で優雅だと思っています。私たちと集まって、私たちの生活様式や共同体を共有できない、と文句を言っています。しかし私はもう一度、皆さんに言います。存在している唯一のベールは、あなたがつくってきたものです。あなたが今もなお経験しているベールは、あなたの恐れや間違った信念体系や悲しみというベールです。

今日の苦痛の原因はあなたが進化の間に被ってきた精神的外傷ではなくて、あなたが苦痛に触れたくないことです。あなたが恐れや悲しみを味わいたくないこと、そして苦痛を許しで養いたくないことです。自分自身を鍛造する行いは灯台となって、あなたをレムリアのハートの純粋な周波数へと連れ戻します。あなたは苦痛を和らげるものではなくて、他のものを切望しています。あなたは苦痛に向かうのではなく、苦痛に背を向けています。

あなた自身に再びハートの波動を感じて発見する許可を与えてください。あなたが今いるところで、ほとんどの人の場合はベールの後ろで、あなたの恐れがしょっちゅう心臓を凍りつかせるような、心臓の鼓動をますます早めるような感じがします。あなたの内側にある嘆きや悲しみは、まさしく肉体上で、まるで心臓が破れているかのようにハートに感じさせます。もしよければ、破れたハートを神に差し出してください。そしてあなたの聖なるハートに内在する神に癒しを任せてください。

実は、数々の生涯を通じて味わってきた感情の貯蔵庫に、あなたを少し深く連れて行っているのは、あなたのマインドです。しかしマインドだけではこの種の癒しを成し遂げることはできません。ハートの周波数が、私たちをこの見かけ上の危険区域へ導き、宇宙の愛で養います。

これが起こるのを許すたびに、あなたは再び細胞の記憶とつながっています。あなたはすべての時空で肉体構造とＤＮＡの遺伝系統から恐れや悲しみを追い出せます。

あなたは以前には感じたことがないような感覚で、身体を感じはじめることができます。以前より身体とつながっているという感覚が普通になることがあります。身体はもっと優雅になり、痛みがもっと早く軽くなります。それは器官、筋肉、骨格組織などの身体の部分で解放として現われることがあります。

許しの周波数はハートの周波数です。あなたはハートに接続することによって、この生涯だけでなく全部の生涯で、この贈り物をマインドと身体に知らせることになります。魂は松果体の中心細胞に位置している、と多くの人が書いています。これは正確ではありません。実は、身体が魂に宿っています。私たちがオーラと呼ぶものは魂の最も低い波動です。魂は身体のまわりに外側へ向かって広がっています。魂は身体を進化させようとするエネルギーをつくっています。魂が私たちの健康や不健康のレベルを定義します。

このハートの周波数を通して、私たちは自分の魂と、そして私たち皆がその一部である神の魂とつながります。あらゆる心臓疾患と、この神聖な周波数からの分離のすべてと、物理的生命のリズムを最も元気づけるものが許しです。

お互いを養う最も効果的な方法は、相手の真実を聞いてそれを受け入れることです。次のレベルは相手の真実を聞いて知り、相手をそのまま受け入れて、その真実のために相手を愛することです。その次のレベルは相手の真実を聞いて知り、相手の真実をものともせずに相手を受け入れ、そして愛することです。これが、本当のところは、許すことは何もないという許しの本質です。

体内で脈打つハートはレムリアのハートと同じものです。

ハートの鼓動を聞いて、大切にしてください。あなたは不完全ではないので、あなたの存在全体でこのハートとなり、存在全体にわたってこの波動を振動させることが絶対に可能です。あなたがこのハートになるとき、ベールを通るのが認められる前に必要な通過儀礼や浄化は他にはありません。

あなたに必要なことと以前に必要だったことは、すべてあなたの内側にあります。それはただ、マインドではなくハートを通して移行しなければならないことと、この周波数はあなたの外界に反映されるということに気づくだけのことです。

あなたの気づきは今まで二元性のベールに焦点を当ててきました。そのベールはマインドの性質とハート以外の性質によってつくられたものです。マインドの気づきは、ある人を他者に照らして判定するために、常に制限し差別化しようとするでしょう。それは怒りと不信を認めるでしょう。なぜなら、それは愛と穏やかさも認めるからです。また慈悲と寛容も認めるので、傲慢さと貪欲さも認めます。

しかし、ハートは合一だけに気がつきます。合一は無条件の愛と許しの産物です。許しは、とても長い間そこに存在してきた痛みから逃げることをやめさせるものです。気づきの光は、あなたの魂が長いあいだ影に追いやってきた部分に入り込むでしょう。そしてあなたは、いつでもベールなしにあなたのまわりに存在するレムリアのハートに入ることを、もはや拒否できないでしょう。そうすると、すべてのベールがなくなって目覚めるのは、どんな感じでしょうか？　判断や後悔がなくなったら？　恐れや悲しみがなくなったら？　ありとあらゆることに違いを求めなくなったら？　恥や無価値感がなくなったら？　あなたが神ではないという幻想がなくなったら？

それは、あなたのハートが無限の可能性と無限の喜びの領域になだれ込むようなものです。あなたは、かつて欲しいと願ったすべてのことが、最初からそこにあったのを発見するでしょう。そしてあなたのまわりの世界はこの同じ波動を保つので、私たちは皆さんに挨拶するためにそこにいます！

神の愛が皆さん一人ひとりにハートの波動の中で姿を見せますように！　そして地上でレムリアのハートが時間と空間のあらゆる次元を通して輝きますように！　これが私たちから皆さんへの、今日の最大の願いです。私たちは皆さん一人ひとりがこの可能性を楽しんで、愛と合一の中で私たちに参加していることに感謝します。

それでは再び話をするときまで。私はアダマ、皆さんの友であり兄弟です。

ハートの波動を再び感じて
再発見する許可を自分に与えなさい。
あなたが今いるところ、ベールの後ろで、
あなたの恐れが度々ハートを止めようと、
鼓動を早めようとするように感じられる。
さらにあなたの内部にある悲嘆と悲しみが
まるで心臓が破れているかのように
ハートに感じさせている。
もしよければ、
破れたハートを神に差し出して、
あなたの聖なるハートの中で
神に癒しを任せなさい。

――アダマ

第3章　アダマからオレリアへの課題

サナンダとオレリアの対話

サナンダ――やあ、調子はどう?

オレリア――かなり好調で、少しずつ、よくなっています。

サナンダ――それなら今はどんな準備ができているのかな?

オレリア――いつでも次の段階へ移れます。

サナンダ――あなたの前にある大冒険だね!　覚悟はいいね?

オレリア――大冒険に向けて準備万端です。大冒険はいつでも私の目の前に開かれています。準備できたと思います。以前だったら怖がったでしょうけど、今は、これからすごく面白くなりそうだと思っています。

サナンダ――今、何か私に手伝えることは？

オレリア――あることで行き詰まっているように感じていてすごく抵抗しているので、それを通り抜けるのに手を貸してください。分からないことがあるんです。アダマは毎週、私が次の段階へ向かう手助けをしてくれています。私はアダマからもらったさまざまな課題に取り組んできましたが、今週の課題にはすごく抵抗があります。

サナンダ――それらは最高の課題だね。

オレリア――あの、アダマは今週の課題はとても大切なもので、私が望んでいることだと言いました。あなたならもっと分かりやすく説明してくれると思ったんです。アダマは私に、嫌いな人や人生で問題となっている人の名前を十人挙げなさい、と言いました。それから私たちがみな一つであることを理解しはじめなさい、その人たちが私の一部となっていること、私も彼らの一部であることに気づきなさいと言ったのです。私たちがお互いに一つであるという観点で見はじめることを私に望んでいます。

私は自分が独立した個人であると感じているので、そう言われてもあまりピンときません。私が彼らであるとも、彼らが私であるとも感じません。アダマは私に、それぞれの人に一時間半ずつ時間をとって彼らを私のハートの中にもってきて、彼らとの一なるものや合一の気持ちを持たせようとしています。もし、まったく好感を持てないそれぞれの人に一時間半かけることに成功したら、彼らが私であり私たちは同じであるという結論に達するだろう、と思うことすら難しいです。

サナンダ――それで私のアドバイスが欲しいんだね？

オレリア――まあ、その……もちろんです！　この課題をこなすのに役立つ話をしてもらえることを期待しています。

サナンダ――これが私のアドバイスだ。今やっていることをすべてやめて、それをすぐに、完全に、あなたの存在の心の奥底まで徹底的にやりなさい。もしあなたがこれをやれば一なるものの世界に入るので、アダマはこれを提案している。これはあなたの次の段階、次の通過儀礼で、自分との融合に入らせてくれるものだ。あなたは内側で不和を感じているかぎり、問題となっている人たち全員を含めて、誰とも人生のどんな部分とも融合に入れない。

融合に入ることとは、あらゆる生命と一なるものの状態でいることで、それらが表現する神性のレベルを尊重することを意味している。このことは融合に入ることと、動物王国や自然の王国、それにまだあなたが気づいていない多くのことを大いに敬うことも含んでいる。融合とは五次元で理解されているように、一部のものとだけでなく、存在するすべてのものとの一つの状態だ。また至高の創造主や、この惑星の感じる力としての聖なる母なる地球もそれに含まれる。あなたという存在全体である神我も、あなた自身のすべての部分もそうだ。地球の全王国が、知っていても知らなくても、動物王国、空気、火、水、物質、地球の全元素が含まれている。

意識の中で融合のこのレベルに完全に到達すると、その時あなたは五次元のポータルをくぐり抜けて、地上の長い旅についての栄光ある王冠を受け取るように勧められる。大きなセレモニーと敬意とともにアセンションの炎で覆われ、完全に変容されて炎から出てくるだろう。その時、永久に不滅の者たちの仲間入りをするだろう。愛する人よ、あなたは私たちと一緒にいて、顔を合わせて、完全な意識状態で私たちの側で働き、二度と再びどのような制限も味わうことがないだろう。

アダマは自分が何をしているかを理解しているから、彼のアドバイスを真剣に受け取るとよいだろう。あなたも知っているように、アダマと私は光の領域で緊密に一緒に働いている。私たちはお互いを永遠によく知っていて、二人ともあなたのすぐそばで、あなたが次の段階に進む手助けもしている。あなたも知っているように、私も自分の一部をレムリア人だと思っている。

私は、初代のオレリアとアダマと、ムー大陸がある私たちの故郷の惑星レムールから来た他の者たちとともに、最初にこの惑星に転生したうちの一人だ。とても昔のことだ。ここにキリスト意識をつくるために来た、新しいレムリア人種の一部だった。私たちはとても統一されたグループで、ダール宇宙のムー大陸から、みな一緒に来た。私が以前に話したように、アダマもチャネリングで伝えたように、私は大宇宙船に乗って来た。もちろん、私はこの外側の自己像には制限されていない。他のすべての人と同じように、その他にも多くの人物として拡張している。

アダマは次元上昇した畏敬の念を起こさせるマスターであり、あなたをとても愛している。あなたが五次元の波動を最終的に理解するのを助けるために、彼にできることをすべてしている。だから、あなたはそうなり「一なるものへ入る」ことができる。それはプロセスだ。自分に苛立つようなことがないように。後退してしまうからね。予想することについてアーナーマーがあなたに言ったことを思い出しなさい！

あなたの最愛のアーナーマーが、あなたの「帰郷」がとても近くなっていることにハートの中で気づいてどんなに喜びを感じているかは言うまでもない。アーナーマーがあなたに持っている愛を、あなたの次元で説明する言葉はない。最後の一歩を渡るとき、あなたは大喜びするだろう。すべてのアセンション候補者にとっても当てはまることなので、私は今その人たち全員に向けても言っている。彼らもまたあなたがいま歩いているのと同じ道を歩かなければならない。あなたがこの道をつくって次元上昇していくにしたがって、彼らが同じ道を通るのがもっと容易になる。あなたたちの多くは道を示す人たちで、あとに続く他の人たちのために道を用意している光の信号塔だ。

オレリア——アダマも私にそう言いました。

サナンダ——じゃあ、二度聞いているんだね。念のためにもう一人別のマスターにも確認するつもりかな？

オレリア——たぶん！（くすくす笑う）。嫌いな人たちを見て、私が彼らであり彼らが私であり、私たちがみな一つで、究極的にはすべての人が一つである、という見方をするのはなかなか難しいことです。それが私の問題なのです。皆、同じ創造主から来ていることは理解していますが、私たちがみな同じで、みな一つというのはどうも苦手です。

サナンダ――あなたがそんなふうに感じるのは、次の段階への、楽で優雅な飛躍を受け入れるために必要な本当の真実と叡智がまだ分かっていないからだ。完全な理解を得るためにはこの叡智のレベルをもっと深める必要があるのだが、あなたはまだそこまで行っていない。では少しこれに取り組んでみよう。この部屋にいる人と本を読む人が皆、自分自身でこれをよく理解することは重要だからね。あなたたち全員が、この叡智を最終的に必要とするだろう。この教えは、私がすべての人に話したいと思う大切なことだ。

その人たちを嫌いな理由があること、そして彼らと不愉快な出会いをした理由があることを理解しなさい。もしかしたら、あなたを苛立たせるものがあったのかもしれないし、彼らはあなたを不機嫌にさせたかもしれない。そうでなければ、たとえばあなたを利用しようとしたり、あなたの人生で頭痛の種になった人だったのかもしれない。さて、その苛立ちを取り上げて、その正体を確認してごらん。その人物に関することで、本当に私を苛立たせ、あるいは困惑させ、怒らせることは何か、と自分に聞いてみなさい。

あなた自身に聞きなさい。あなたの内部に湧き上がってくるのはどんな感情か？　その人物が目の前にいるときどう感じるか？　この人物があなたに特定の嫌な面を感じさせることが明らかになるだろう。そう、もちろん彼らはあなたにネガティブなことを感じさせることはできないよ。なぜなら彼らはそのような力を持っていないからね。あなただけがこの力を持っている。もし苛立ちを感じるなら、それはすでにあなたの内部にある感情だからだ。

名前を挙げられた人たちは単に、あなたがより高い波動の周波数へ移るために、自分の内部でまだ癒さなければならないものを認識するための引き金であり鏡にすぎない。実は、それはその人とはまったく関係ないことだ。さあ、深く掘り下げて、本当にあなた自身の内側を見て、どう感じているのかを分析しなさい。そしてあなたの人生の中で、他の人たちや他の鏡がまさに同じことをどのように刺激しているのかを分析しなさい。たぶんまったく同じやり方ではないだろうが、似たようなことだ。これが人生全般で何回起きているかを見てみなさい。

オレリア――ひょっとすると何百回かも。

サナンダ――それなら、自分に次のように尋ねなさい。私がこの鏡をつくりだして、私自身の中で判断してきたことや嫌ってきたことは何か?　それがすべて自分のことだとあなたはとてもよく分かっている。最も深いレベルで自分自身について感じてきたことだと分かっている。それは決して他人のことではない。本当に深く入ると、自分の中にある誤解や、自分についての判断や、自分に対する怒りをただ表わしているだけだと理解するようになるだろう。それは自分についてつくってきた間違った信念のことだ。あなたが他人との不和を癒すとき、あなたが癒しているのはその人ではない。あなただ。その人はこのことから益を得るかもしれないし、得ないかもしれないが、それはあなたの問題ではない。主人公はあなたであって、あなた自身を癒しているのだ。

これらの経験は単にあなたが自分でつくりだした触媒にすぎない。なぜなら、あなたは自分自身についての誤った信念を正したいと思っているからだ。それらの信念は潜在意識や無意識のマインドの中に深く埋められている。そのような理由から、それらは新しいレベルの癒しへの引き金となるように創造されている。神は自らの楽しみのために、苛立たせる人びとをあなたに送っているのではない。あなたが自分自身で、自分の神聖な意図によって光明を得るために、そのような人たちを磁石のように引きつけているにすぎない。彼らはあなたの持つ制限を暴き出し、意識的な気づきへと浮上させるだろう。それは癒されるために必要なことをあなたが経験できるようにするためだ。あなたに準備ができていれば、あなたはその経験から自分のために新たに決意するだろう。

あなたが鏡に向かって、彼らがあなたに最初に感じさせることを見極めるときは、その感情に深く入りなさい。鏡の役割を演じている人たちは、本当にあなたを悩ませようとしているのではない。彼らはただありのままでいるだけだ。あなたは、自分についてこのような分離された理解をもはや信じたくない、今まで感じてきたようには感じたくないと決意すると、その誤った自己認識を変えはじめる。自分の価値に気づきはじめて、価値や評価が目の前に差し出された鏡より高いことを認める。そして深い感情の中で、深い愛と受容の中で、あなたは本当に自分自身についての新しい自己像を選択する。とても面白い奇跡が起こるだろう。

次にその人物が目の前に現われるとき、そのエネルギーはないだろう。つまり、あなたが自分の中でその問題に対処してきたので、そのエネルギーは完全になくなっている。次にあなたが鏡に直面したら、解決できる別のやり方がある。「どんなふうに私もそうなのか?」と自分に問うことだ。あなたの独自性に応じて自分の内部で進んで鏡を経験しなさい。たとえば、何かを盗んでいる人、泥棒を目撃したとしよう。このことで実に不愉快になったら、「どんなふうに私もそうなのか?」と自問しはじめることだ。

オレリア――このことについて私は本当に恐れの問題を抱えていて、そしてその内容は以下のようなものです。私や私の使命を悩ませようとしてきた人たちや、私をコントロールしようとした人たちがいます。あなたはそのうちの何人かは誰のことかよくご存じです。もし私が和解して、彼らを「私自身」として見なさなければならないのなら、彼らは再び私を困らせ私の物事を引っ掻きまわすために、また私の人生に戻ってこようとするのではないかと思います。私の人生はいま平和なので、私は再び彼らと顔を合わせたくありません。

サナンダ――あなたに彼らと仲直りしなさいと言ったかな?

オレリア――いいえ。

サナンダ――さっき言ったように、それは彼らのことではなくて、あなたのことであって、あなたの自己との関係だ。あなたは自分の中で内的なワークを行って、自分自身と仲直りすることができるだけだ。鏡のゲームにおいて他人と仲直りすることはめったにない。とくに、彼らはたいがいあなたとはかなり違う見方ですべてのことを見ることに、あなたが気づくからだ。あなたは自分自身を癒せるだけで、彼らは彼ら自身を癒せるだけだ。彼らのことはあなたの責任ではない。

実は、あなたがその人たちといつか再び会おうと会うまいとそれは問題ではない。それは彼らに接近することでも、彼らと関わるすべてを癒すことでもない。なぜかというと、このような欲求があるとすれば投影だからだ。もし彼らが彼ら自身を癒したいのなら、彼らは自分でそうできる。とにかくそれは彼らの問題だ。あなたの責任はあなた自身を癒すことと、波動の点で一なるものへと進むことだ。

オレリア――間違いなく、それが見逃していた鍵です。今、理解しました。

サナンダ――そのとおり。私が言ったのは、あなたが自分の内側で感情を変化させて癒せば、次にその人と会うときには彼らとのエネルギー的反応が何も起きないということだ。これはあなたが彼らと和解しようとすることを意味しているのではない。また、再び彼らのエネルギーと関わらなければならなくなるということでもない。

オレリア――彼らと一緒に働いて日常生活で彼らに会わなければならないときや、彼らが自宅や近所で暮らしているときもありますね。

サナンダ――そうであろうとなかろうと、決して彼らの問題ではなくて、あなたの問題だ。そして彼らはただの引き金または鏡だ。だから、もしあなたが鏡を見なければ、神はすぐに別の人を送ってよこすだろう。それも前より大きな鏡を。それはアダマがこの提案をしたからではなく、ちょうど今、あなたの進化でそのタイミングが適切だからだ。もしこれをやり遂げることを選ばなければ、その鏡はもっと大きく、もっと不愉快になる。アダマがこれをあなたに設定しようと思っているからではなくて、あなた自身の神聖な本質がこの段階であなたのためにこれを望んでいるからだ。

オレリア——私が今あなたに聞いているのは、アダマが私に出した課題をやり遂げたいからです。私は完璧にこなして、もっと理解したいと思っています。

サナンダ——その上、あなたはこれがものすごく楽しくて、とても元気になることも発見するだろう。それから、あなたにとって引き金となった人と実際につき合いたいと思う場合がある。だがそうするのは、自分自身が完全に癒されたあとにしなさい。その前に彼らに近づくなら、悲惨な目にあいかねない。別の人に近づきたいと思うときもある。それはとくに痛い感情がある場合だ。あなたは何かを謝りたいと思うかもしれない。私はあなたがそうすべきだとは言わないが、あなたのハートはあなたの望むことを知っているだろう。あなたは何が正しいのか、何が合っていて適切かという感情や感覚を常に持っているだろう。

たいがい、これらの鏡の経験はもっぱらあなたのためで、あなたの自己との関係についてのことだ。神聖な自分と整合していない経験や迷惑な経験にあって、自分の内部でもっと大きな悟りの状態に近づくたびに、あなたはますます一なるものに近づいている。すべてのものと一つであることを感じはじめている。もはや人生経験や危険をはらんだ出会いをそれほど個人的には捉えなくなる。

あなたは自分がその経験をつくったと分かるので、その経験を簡単に自分のものと認めることができるだろう。あなたの人生でとても奇妙な、あるいは厄介な、挑戦的な、人という形をとる鏡に直面するとき、あなたはすぐに自分のものと認めることができて、このように言うだろう。「私がその経験を自分に引きつけることを創造した。私がそうしたと知っている。私にとっては重要な癒しなので、私は今それを自分に与えている」

このように、これはまさにあなたの威厳を回復すること、そしてあなたの最も深い真実を見つけ出すこと、もっと力を与えられて明確になることだ。それを行うと、あなたはこれ以上、そのような鏡を引きつけないことが分かるだろう。あなたが得る鏡はまったく違ってきて、それらはあなたの癒された状態を反映するだろう。鏡はネガティブなものだけではない。ほら、その他のすべてのことのように、全部の範囲を表現するからね。

オレリア――これは、私にはとても役立ちます。この話は以前に何度かあなたから聞いたことがあります。だから初めてではありませんが、今、前よりかなり明確に分かってきました。サナンダ、どうもありがとう。

サナンダ――いや、どういたしまして。アダマがあなたを手伝うだろう。これは、彼があなたの発達のためにしてきた重大な選択であり提案なので、彼はそのプロセス全体であなたを助けるだろう。

世の中で身のまわりにあるすべてのものをありのままに見ることができて、あなた自身の内側でこれもすべてまたあなたであると言って感じることができるとき、あなたは神であることがどういうことなのかを知るだろう。あなたが創造主に会うとき、創造主はまさにこのようにあなたに言うだろう。「私はあなたであり、あなたは私である。だから私たちは同じである。あなたがしてきたことのすべてを、私もしてきた。なぜなら私はあなたとともにそれをしてきたからだ。私たちは一つであり同じである」

最愛の人よ、自ら認めることが、すべての中でも最も偉大な力なのだ。真我とともに等しく自ら認めることが、あなたの人生に相次ぐ奇跡をもたらすだろう。

オレリア——必ず完璧にそうします。

サナンダ——そうなされるように。そうすれば、あなたは永遠にとても幸せになる。すべての人は、あなたが一なるものに入るためにいま直面しているのと同じ通過儀礼的なプロセスを体験し通過しなければならないが、これが五次元へのもう一つの行き方である。

オレリア——どうもありがとうございます。今回あなたが援助してくださったことに大変感謝します。

サナンダ——いや、どういたしまして。

第4章　心の闇夜

五次元に入るための通過儀礼の最終段階 オレリアとアダマとアーナーマーの対話

アダマ――ハートの愛と魂の叡智とともに、こんにちは。愛する人よ、調子はどう?

オレリア――まああですが、まだいつも肉体に疲労感が残っています。その上、かなりの時間を費やして心の闇夜をくぐり抜けてきたのに、いまだに心の闇夜をいくらか感じます。ここ数年、自分を癒そうと取り組んできたにもかかわらず、いまだに私のハートの中心と体内で多くの苦痛を感じます。これにはうんざりです。癒されて、再び調子がよくなって元気を取り戻すまでに、あとどれくらいかかりますか?

アダマ――あなたはちょうど今、この惑星上の大きな一片を保持している。人類と地球のアセンションのためにとても大量のエネルギーを保っている。あなたの苦痛の一部はこのことが原因となっている。あなたはとても長い間こうしてきたが、今は同じくらい多くのことに関わっていて、そのうえ夜も内なる世界で多くの仕事をしている。朝、目覚めたときにとても疲れているのは、そのせいだ。あなたにはもっと休息が必要だ。

オレリア――そのとおりですが、することや時間が潰れることがとても多くて、なんだか一日が短すぎます。もし私が予定をこなさなければ、レムリアの使命は現在のように拡大していないでしょう。それは爆発的に拡大していて、多くの人がいま参加しはじめています。

アダマ――あなたがこの長旅で疲れていることも、今アセンションへの通過儀礼の最終段階へ進むときであることも私たちは理解している。あなたは、あともう少しのところにいるが、躊躇《ちゅうちょ》している。まだ多くの点で、多くの三次元のパターンと波動にしがみついている。だから、それらのパターンを完全に手放さなければアセンションのプロセスでその先には進めない。今日は、意識における最後の跳躍について話すので、もしあなたが意識で最後の跳躍を遂げることに専念するなら、とても早く「故郷」に戻れて、二度と疲れなくなり制限からも出るだろう。

あなたは自分で思っているより、はるかに近くにいる。そして最終段階は常にとても難しいもので、とても苦しいことも多い。かつてこの世界から次元上昇したすべてのマスターは、あなたがいま通り抜けようとしているのと同じ通過儀礼を通り抜けねばならなかった。もちろんテロスや五次元のレムリアにいる私たちも皆そうだった。

あなたは世界への奉仕と多くの旅に呼ばれはじめている。旅をしながら、自分を多くの人のところへ連れて行き、彼らに初めてこの新しいエネルギーを見せることになる。あなたは旅するときには自分自身を浄化しなければならない。あなたの最も高次の自己の内部にとどまり、どんなことにも決して苛立つようなことがあってはいけない。とくに、たとえどんなものを見て体験しても、またどんなふうに扱われるとしても、エゴに反応させてはいけない。どんなことやどんな人についても辛辣になりたい、憤慨したい、判断したいという気持ちに、もう二度と駆られてはいけない。これらの態度とエネルギーがあなたを三次元の経験に釘付けにするからだ。

あなたは今、あなたに会う人たち全員にとって非常に高いエネルギーの周波数に達してきたので、そのことを知っていてほしい。それはあなたとともに、またあなたのためにも働くエネルギーだ。このエネルギーの中にあなたが長くとどまればとどまるほど、あなたは神性に抱擁されながら、あなたの最高の波動の中に存在し、それがあなたを支えるだろう。もしこのエネルギーと調和しない波動へ落ちるのなら、それはエネルギー上のダイビングのように、あなたをひどく疲れさせるだろう。

だから今は毎日一日中、絶えず意識してこの中にいる努力をするときだ。私はあなたに話しながら、この章を読んでいる人たち全員に向けても言っている。あなたに当てはまることは彼らにも当てはまるからだ。彼らも最終的には、あなたがいま歩いている道を歩かねばならないだろう。それぞれの人によって違った展開をするが、究極的には同じことだ。

私たちがあなたのために話題にしているこのエネルギーは、喜ばしいことに、あなたたちが聖母マリア（マザー・メアリー）と呼ぶエネルギーだ。毎日、彼女をあなたのフィールド（場）へ呼び入れて、そして彼女のエネルギーが一日中あなたとともにいて、あなたを抱きしめるように依頼してもらいたい。これができるかな?

オレリア――はい。

アダマ――エネルギーが上がってきて、あなたの中で解放される必要があるときがある。これらのエネルギーは、あなたのまわりや世界で起こることに関する悲しみや病気、嘆きの波動を持っている。もう一度言うが、これらのエネルギーを感じるたびに、それらを聖母マリアに渡しなさい。彼女はあなたのためにこれらのエネルギーをきれいにするだろう。あなたを助けることが彼女の望みだ。これができるかな?

オレリア――はい。

アダマ――私たちがあなたにこのようなことを頼むのは、多くのエネルギーが、あなたの次の旅と将来の旅であなたと分かち合われることになるからだ。今回は今までよりはるかに多くなるが、あなたには可能な量だ。あなたは以前に旅したときよりも高いレベルから、多くのエネルギーを分かち合うだろう。あなたは今このレベルに入る準備ができているが、そうするためには、あなた自身がバランスを保たねばならない。バランスを保った状態で自分自身のエネルギーを認めて、自分でコントロールする自分自身のエネルギー量と、起こることを十分意識するのはとても重要なことだ。

自分でできることと任せるべきことの識別の間で働く微妙なバランスがあり、しかもそれは実に速く働く。

自分のエネルギーが弱まりはじめたと感じる各瞬間に、即座にあなたの波動を上げられるか、これは任せるべきかが分かるので、あなたは自分のためにそれを決断するだろう。これはまったく新しい探検だ。

これからの六週間の旅で、自分のエネルギーと働くことや、使命を帯びたあなたを妨げている疲労の原因となっているものに取り組むことを学びながら、多くの経験をするだろう。あなたはこのことを信頼しなければならないし、この能力を持っていることを理解しなければならない。あなた自身のエネルギーを管理できるようになりなさい。とくに、いつ他人のエネルギーによって消耗し煩わされているかについて識別できるようになりなさい。これから出会う多くの人のように、あなたはようやく今、自分の波動と新しく取り組めるようになりはじめている。分かったかかな？

オレリア――はい。最善を尽くします。

アダマ――それから、これも理解しておきなさい。その時点で自分にできることを超えている、と感じる状況に出合ったときは、それは高次の領域に任せるべきだ。あなたのチームの援助なしに、自分だけで解決しようとしてはいけない。チームはあなたを援助するためにそこにいるのだから。そういう場合はためらわずに、彼らを賢く使いなさい。エネルギーがあなたを支えにきていて、あなたのエネルギーが拡大するのを感じたときは、それらのエネルギーとともに前へ進みなさい。何らかの理由でエネルギーや状況があなたを支えられず、しかも自分でコントロールできないと感じるとき、それを一人で解決しようとする力があなたにはないことを自覚して、私たちに任せなさい。

オレリア――私はこの旅が最高であるように、この次元でできるかぎり細かく計画してきました。でもそれが私の計画どおりには展開しないかもしれない、ということも知っています。

アダマ――旅の詳細は、基本的にはあなたが準備してきたとおりに展開するだろうが、実際にはそれは本物の旅ではないと言わせてもらいたい。本物の旅とはあなたに差し出されるすべてのことで、あなたがまだ知らないことばかりだ。このことにずっと心を開いていることを勧める。あなたは過去にしてきたように、あなたと接触する人たちのエネルギーにおいて、自分を開放していなければならない。あなたは完全に分かっていてつき合ってきたのではないが、多くの場合は、あなたにとってとても重要で濃いつき合いとなった。そして、そのうちのいくつかはとても長く続いている。同じことがこの旅でも当てはまる。あなたがこれらのエネルギーの広報官であることも認識しなさい。そうすれば、あなたがこれらのエネルギーを体現すればするほど、それらを他の人たちともっと分かち合えるだろう。

オレリア――私は準備できているのでしょうか？

アダマ――あなたの準備ができていることを私たちは知っている。私は準備できている、とあなたが分かればいいだけのことだ。自分を信頼しなさい。私たちが言いたいのは、あなたが準備できていないと感じるたびに、それをひっくり返しなさいということだ。

信じることによって、あなたはそのエネルギーにとどまる。「私にはこれをする十分な能力がないと思う」

などとあなたに述べるエネルギーが出てくるたびに、それをひっくり返しなさい。不十分な点や判断はマインドの一部であって、あなたをだましているようなものだ。今は、あなたのハートから来るエネルギーやハートに内在する波動と、不十分な点や判断の間に大きな違いがあることを理解しはじめるときだ。それらは自分ではない、それらを神に任せるべきだと認めることができるほど、あなたが求めている、あなたを支える波動に長くとどまるだろう。もし五次元の旅を選ぶのなら、あなたは今回、五次元の旅をするだろう。しかし、それはあなたがその機会に心を開くということであり、バランスをとり続けることによって、このことに自分の責任を感じるということである。今こそすべての人が、惑星に押し寄せている新しいエネルギーとバランスをとり続けることが何を意味するのか、そして何を必要とするのかを十分に理解するときだ。

オレリア――私はもっと独りで時を過ごそうと努めるべきですか？

アダマ――あなたが独りで過ごす時間はいつも大切だ。この三回目の旅では、今までよくそうしてきたように完全には独りになれないことを受け入れてほしい。とにかく自分一人になって、内なる電池を充電する時間があなたには必要だ。他の人たちを伴わずに独りで行ける場所を見つけなさい。自分のために時間をとって、旅先の街を独りで歩き、人びとと一緒になって外を散歩しなさい。いつでも適切なときに独りで行きなさい。それがとても大切なのは、あなたに二つの機会を与えるからだ。一つ目は、自分自身のエネルギーを理解することで、これが最も重要だ。二つ目は、あなたが主催する集まりに必ずしも来るとは限らない人たちと、このエネルギーを分かち合うことだ。あなたは今、世界を歩くべき時期に来ている。

オレリア——それは私にとっては大変なことです。私はいつも旅を避けてきて、とくに都会や雑踏へは行かないようにしてきました。

アダマ——旅は素晴らしいよ。実際に、歩きはじめると、あなたは欠けていたエネルギーを発見するだろう。あなたはエネルギー不足を経験しているが、それは主に、あなたを支えるエネルギーの中にもういないせいだ。歩いて、あなたを支えるエネルギーを統合する時が来ている。あなたに疑問が湧いてくるような状況や、あなたを困らせる状況、苦痛を感じる状況のそれぞれを神にゆだねなさい。私はこれらのことをオレリアに言うとき、この章を読んでいるすべての人に向けても言っている。今回、彼女は皆の代表だ。あなたたちは皆、多かれ少なかれ同じ問題を抱えている。

オレリア——今の説明で一つ分からないところがあります。私はもはや、私を支えるエネルギーの中を歩いていないと言われました。

アダマ——そうだよ。

オレリア——それが分からないのですが。

アダマ——あなたはすでに高い波動のエネルギーに入っている。あなたの大部分がそうなっていることは確かだが、あなたの中には、まだ古いエネルギーがあるこの状態を維持する必要を感じているところがある。

あなたがシャスタ山を去ろうとしているとか、いま取り組んでいる仕事をやめることになるという意味ではない。あなたは現在いる次元にとどまっている間に五次元の存在になって、このようなことをすべて行うことができる。こういうふうに、あなたたちは一人ずつ、ハートからハートへ、今いる場所で五次元の現実を一緒に創造して、三次元を永遠に変容するだろう。こういうふうに、あなたたちは私たちがテロスでつくってきた楽園を地上でつくるだろう。古い概念的な枠組みのエネルギーは、もうあなたも他の人も支えていない。

オレリア――私は何を変えればいいのですか？

アダマ――判断のエネルギーと予期のエネルギー、罪と恥のエネルギーを変えなさい。これらの低い波動のエネルギーのすべては三次元で存在しつづけていく要素だ。あなたがもう望んでいないものばかりだ。これらのエネルギーがあなたに入ってくるのを感じるときはいつも、それらが正しいという証拠はなく、正しい判断も誤った判断もない。五次元には判断を支える感情は存在しない。今は、あなたのエネルギー・フィールドの中で、マインドの中で、考えの中で、ハートの中で、いつあなたが判断しているかを認識して、判断を手放し、ひっくり返しはじめるときだ。

また、あなたが何か間違ったことをしているということでもない。なぜなら、これもまた判断になってしまうからだ。それは単に波動における違いを認識するだけのことだ。何が五次元の波動とは対照的な三次元の波動のものであるか分かるようになりなさい。

オレリア――なぜ私は今日、疲れているのですか?

アダマ――あなたが疲れているのは、この次元に属する判断をしているからだ。あなたが疲れたと感じるたびに、三次元で判断していることを十分意識し、そのエネルギーを変化させて転換できることを認識しなさい。これはすべての人が五次元の周波数に進むためにしなければならない宿題だ。すべての人は三次元の概念的枠組みとして知っているすべてのことを手放して、新しい在り方を学ばなければならないだろう。ほとんどの人にとっては意識を三次元から五次元へ移行するのは大きな跳躍だ。毎日こうして意識を移行しはじめなさい。そうすればやがてそのレベルに達するだろう。あなたたちは進んで自らの意識を未知の世界へと跳躍させなければならない。

オレリア――この数日、私はかなり幸せな気分で、どんなこともどんな人についても判断しないでいるようにとても気をつけていました。なるほど、それで疲れなかったのですね。

アダマ――あなたの努力には敬意をはらっているが、本当の移行はあなたが思っているよりも微かなことだ。そう、幸せもまた多くの点で、判断に結びついている。あなたは、あなたを喜ばせて望みを叶える特定のことがやって来るときには、良い日だと判断する。あなたが賛同しない事柄がやって来るときには、それほど良い日ではない、悪い日だと判断する。実は、もしあなたが判断せずに高い波動でいることを選べば、あなたのエネルギーは今かなり高い波動の中にいられるだろう。しかし、そうしてその状態を維持するためには、考え、言葉、行為、行動、欲求において、あなたはすべてのことを進んであきらめなければならない。

そのすべてが、あなたがとても熱心に離れたがっているこの次元にあなたをつなぎとめているものだ。これらは私たちが話題にしているあなたの肉体的な経験の延長ではない。私たちが言っているのは、感情や考えがあなたをより低い波動にとどめているということだ。

オレリア——私の波動とエネルギーを下げるのは、私が身体を使ってしていることではないのですか？

アダマ——たいていは、そうではない。それはあなたのエネルギーがあるところと関係している。あなたのエネルギーが自分自身や他の人について判断することにあるときには、波動が落ちる。あなたのエネルギーが特定の結果を予想することにあるときには、エネルギーが落ちる。これは大変な仕事だ、これはひと苦労だ、と判断するスペースに自分をとどめるときには、エネルギーが落ちる。各瞬間にどのように創造しているかに気づきなさい。あなたはそれぞれの考えや感情で、ポジティブかネガティブのどちらかをつくっている。それは三次元において外側の人生を形づくり、影響を与え、そしてあなたが五次元の周波数を受け入れることを妨げている。

オレリア——考えることや感じることをやめろと言うのですか？

アダマ——それはいいことだ。本当に、あなたにはとても良い。何が起こらなければならないか、何をする必要があるか、しなければならないと感じていることをどうやってすべきかなど、あなたはあちこちに精神エネルギーをあまりにも多く使い過ぎている。あなたのマインドは絶えず多方面で忙しくて、あなたの人生をある特定のやり方でつくろうとしている。だから言うのだが、起こらなければならないことは何もないし、する必要のあることも何もない。幻想だよ！

オレリア――私がする必要のあることは何もないと言うのですね！　それなら私は本を仕上げることもなく、旅を続けることもなく、生計を立てたり、薬代を払ったり、使命のためにメールに返事をする必要などもないようですね。

アダマ――それはあなたが選択したことだ。あなたの「やることリスト」の全項目を――といっても、あなたはその多くを行っている最中だが――やらなければならないことではなく、選択していることとして見はじめなさい。実際、五次元の波動では、私たちにはする必要のあることや、やらねばならないことはまったく何もない。それは常に選択だ。この区別があなたに明らかになるまで、あなたは三次元の波動にとどまるだろう。オレリア、これがあなたの旅だよ。つまり、あなた自身の内部で「これは真実だ」と理解して、完全にそのように生きることだ。

オレリア――そうだとしても、私たちは子どもの頃から、そのような考え方を誰にも教わりませんでした。そんなふうに考えている人は多くありません。

アダマ――知っているよ。だから私たちは今あなたに新しい訓練を教えている。そうすると今度は、あなたが他の人たちにそれを話すことができる。あなたたちは皆、三次元で同じ船に乗っている。そしてあなたたち全員が五次元の意識へ移行するために最も重要なことは、ほとんど重要視されてこなかった。光の領域へのアセンションを望むあなたとすべての人は、これから数年後には新しい生活を始めて、新しい靴を履き、新しい帽子をかぶるだろう。もしこれを選択するなら、この新しい旅はあなたのために驚異的に展開しはじめるだろう。

今までに起こったことや将来起こることにしがみつくと、三次元に閉じ込められる。今は、新しい見方、気づき方、やり方、在り方として可能なすべてのことに心を開くときだ。予期せずに、今この瞬間に生きる準備をして、進んでそうしなさい。そして五次元的な在り方を始める人たち全員を待っている魔法や荘厳さ、やすらぎ、美しさのすべてへと心を開きなさい。夢にも思わなかった驚異と変化を喜んで経験しようとしなさい。これまで三次元の生活として知っていたことに固くしがみつくかぎり、それは起こりようがない、とあなたのハートとマインドに刻みなさい。それは波動であり新しい在り方だ。その次元でやっていくためにしなければならないこととは対照的に、そこで生きることだ。

これらが五次元の生活の本当のやり方である。

オレリア――あなたが今、私に言っているすべてのことと、この本で以前に言われたことの多くは、とても簡単です。サナンダまでが、それがいかに簡単であるかを私に教えています。それでもまだ、私たちはそれを把握できません。簡単すぎるのです。

アダマ――それはマインドがすべてを複雑にしているからだ。繰り返し教えてきたように、真の霊性はとても単純だ。すべての情報は小冊子に収まってしまう。とても単純なので、ほとんどの人はそれを見ようともしない。目覚めはじめた人たちは、常に光の領域からの情報や最新のニュース、チャネリング、技法、活性化などをさらに求めている。かなり多くの人がマインドを通してこのような情報を受け取って、学んだことをあまり統合しないことに私たちは気づいている。

あなたたちはこの情報を一度、場合によっては二度読んだあと、次の本やチャネリングを検討しはじめる。そして次に読むものや次に行くセミナーをできるだけ早く見つけると、すぐに、読んだことや聞いたことをほとんど忘れてしまう。出合った霊的な教えのうち本当に統合するのは、ほんの一部にすぎない。もし、もっと多く統合してそうなることに専念したなら、あなたたちの大部分が今までにすでに次元上昇した状態になっているだろう。これらのことすべてを望んでいるのはあなたのマインドであって、あなたのハートではないと私たちは言っているのだ。多くの人はハートをなおざりにしてマインドを養っている。

あなたのハートはそれをすべて知っているので、あなたがアセンションによって霊的自由を手に入れたいと望む場所へ、あなたを連れて行く最も簡単な方法を確実に知っている。あなたのマインドが、それはとても難しくて複雑だとあなたに信じさせたがっている一方で、あなたのハートは楽な通路を知っている。私たちが五次元の周波数にあなたを持ち上げようとするやさしい教えを与えるとき、多くの人はそれを読もうとさえしない。その上、それに退屈している。あなたたちは、あら、アダマ、それは以前に聞きました、と言う。そのとおり、あなたたちはそれを何度も聞いたことがあるので、これらのやさしい教えには興味がない。

あなたは判断する次元、もはや自分の真実ではない次元で、苦しみ、もがき、いまだにここでぐずぐずしている。

オレリア――それでは、私たちが止めなければならないのはマインドなのですね？

アダマ――マインドを止めることはできない。人類にマインドがあるのは目的あってのことだ。肉体にもまたそれ自身のマインドがある。しかもマインドはあなたの全体性の重要な一部である。あなたは、探している波動がハートを通じて来ることを知っているが、私たちはあなたのためにこうすることはできない。あなたが完全にこの波動に入るための次の段階の一覧表を私たちがあなたに与えることはできない。あなたはこの波動があなたの前に特定のやり方で現われるはずだという制約や制限、推定を持たずに、何度も何度もこの波動を、ハートを通じて来させなければならない。あなたは非常に強くて創造的な力なので、それが特定のやり方で現われるはずだと期待するときには何も起こらないだろう。内在する神である神聖な本質にあなたの旅を指図させて、故郷までずっと一歩ずつ導かせることに慣れなさい。あなたたちは皆、苦痛を感じて人生を台なしにして複雑にする専門家になっている。あなたは自分のまわりに、物事がどのように現われるべきかという思考の構造を持っている。そしてその構造を貫けるものは何もない。それがあなたの大きな力だが、三次元より高い意識では、あまり役に立たないものだ。

オレリア――そのやり方で望むものをつくるようにと教わってきました。私たちはつくりたいことを決めて、それに望む状態についての意図を設定して、それからそれに焦点をあてるようにと教わりました。それが、私たちが教わってきた錬金術です。

アダマ――しかし何を望むか決めることや望むことの真実を見つけることと、それがどのようにあなたの前に現われるはずかという全項目を長々と挙げることとの間には違いがある。この段階では、ほぼすべての人がその二つの違いを見極める能力を持っていない。あなたたちはとても長い間、制限という概念的枠組みにとらわれてきた。まあ、そこから自分を剥ぎ取るのは、なかなか難しいだろう。私たちが今すぐあなたにしてほしいことは、一つの簡単な訓練を取り上げ、それを始めることだ。その訓練は、物事がどうあるはずか、何を持つはずかについての期待を一切捨て去ることから成り立っている。それを捨て去るために、喜びと感謝をもって、今という瞬間に、人生をつくって生きはじめなさい！　あなたのハートの要求を受け取るために自分を大きく広げなさい。しかし、どのように来るかは何も期待してはいけない。驚くべきことに心を開き、ただ来させなさい。

オレリア――何も期待しないようにですって！　私たちは期待するように教わってきました。奇跡を期待しなさい、あれこれ期待しなさいって。

アダマ――今、すべての期待を捨てなさい、と言っているのだよ。第二段階は、すべての判断を捨てることだ。この二つは、あなたとすべての人にとって、とても大きな段階だ。あなたたちのマインドはこの二つにあまりにも長く集中してきた。まあ言ってみれば、この転生において、それらはあなたたちの救いだった。あなたたちは幾重にも想定の上に想定を重ねてきた。もしこれが起こるなら、これをしよう。もしあれが起こるなら、あれをしよう。もう一度言うとそれは、あれかこれかということではなくて、あなたが自由に、そしてハートの中心から喜んでする選択に関することだ。仕事や日常生活において喜びの状態でいるということだ。なぜならそれは、する必要があると言われたことだからではなく、あなたがやりたいと望むことだからだ。あなたが抱えてきた苦しみや痛みを取り除くことを期待しているから、五次元の波動に移りたいと望むというわけではない。それが本当のあなたであり、あなたの真実で、今あなたの次の段階だから、それが五次元の波動へ入ることになるのだ。

あなたはまた五次元の波動で新しい挑戦にあうことも覚えておきなさい。体と波動を浄化していくとき、常に新しいレベルが存在し、進化がずっと続いていく。多くの人はアセンションが五次元で終わらないことをまだ理解していない。これは驚異的な永遠の旅のほんのはじまりにすぎない。それから先も、あるレベルから別のレベルへ、ある栄光からさらなる栄光へと、あなたは永遠にずっと次元上昇しつづけることを知りなさい。次元上昇していく旅には決して終わりがない。これはあなたの性質で、生まれながらの権利だ。

あなたは、もがいている現在の状態から、進んで抜け出そうとしなければならない。その時、そこから何も期待してはいけない。ただそこから進んで抜け出そうとしなさい。そして何がどのように起きるかを期待しないで、それ以外のすべてのことをあなたのために展開させなさい。あなたにはその能力が十分にある。十分すぎるほどの能力がある。あなたには、自分で認めているのをはるかに上回る能力がある。あなたが自分を変えはじめるまで、私たちがあなたを変えるためにできることは何もない。

オレリア――あなたは私が書きためてきたものをすべて台なしにしています。私がいま書いていることは、当初、第三巻に予定してきた内容ではありません。五次元に入るやり方に関する本を書く用意をしたとき、次元上昇したマスターたちによってこの四十年間に明らかにされた知識を、かなり集めていました。なかなか見つからない情報もあり、それについて知っている人も多くはいませんでした。この重要な本を書くために興味深い構成を組み立てて、そしてその時になって初めて何かが起こりました。あなたのエネルギーと叡智を本に加えようとして、他の情報をチャネリングしはじめたとき、私はあなたのエネルギーを感じなかったのです。

アダマ――驚いた？

オレリア――なぜ、そうなったのか理解できませんでした。

アダマ――エネルギーが適切な波動にないとき、たいてい私たちが手を貸すためにそこにはいないことを覚えておきなさい。あなたがそのことに気がついて、とにかく本の執筆を進めなかったことを私は喜んでいる。なぜかというと本の執筆を進めていたら、間違った波動で書かれただろうから。あなたが書こうとした情報は正確で、過去に次元上昇した多くのマスターによって公にされたものだ。それらの教えは今でも五次元の真実を含んでいるけれども全体像ではない。あなたが持っている情報は、その当時のライトワーカーがより高い意識について理解を開きはじめるのを助けるために、三次元の視点から与えられたものだ。

ところどころ欠けている箇所があるので、いま次の段階が公開されている。私たちが今この本の中で説明している単純な真実は、五次元の波動を表わしている。以前は人類に聞く準備ができていなかったので、このように簡単なやり方では公開できなかった。その頃、そして今でも、人びとのマインドはとても複雑な霊的通路をつくろうと努めている。そうでなければ、もしそれがとても単純なら、人びとにとっては価値がない。あなたが新しいエネルギーの中で五次元について書けるようになるには、あなた自身が成長してその波動になるか、少なくとも、書けるほどその波動に近くなる必要があった。以前、そこにエネルギーがなかったのは、このような理由からだ。それが省略できないプロセスであることは確実だ。

探究者たちは、はじめに知的レベルで教えられなければならなかった。その結果、多くの人がハートの中でその一部を統合できただろう。それは古い波動の中で公表されたが、実にうまくその目的に役立った。人類が意識を現在のところまで進化させる助けとなった。しかし今、あなたたちが新しい波動の中にいるので、以前の啓示のエネルギーの中であなたとすべての人を全面的に肉体的なアセンションへ連れて行けない。今はハートが大切だ。私たちが以前に話したように、最初に次元上昇するのはハートで、それ以外のものはあとに続くからだ。

最愛の人よ、あなたがとても大切にしている以前のこの情報は、あなたを今日いる場所に連れて来るのにとても役立った。それがなかったら、あなたは現在いるところにはいないだろう。しかしあなたは今、先へ進むのに行き詰まったと感じていて、それで私たちに導きを要請している。あなたは私たちに、この先どうすればよいか分からないと言っているね。

あなたが五次元に入るやり方を書くために、あなた自身が成長して、この波動にならなければならなかったことを知りなさい。そうでなければ、あなたがまだ達成していないことや理解していないことについて書くことはほとんど価値がないことも知りなさい。私たちはあなたが先へ進んできたことをお祝いする。それが簡単ではなかったことを知っている。今やこの理解を得たからには、あなたは自分自身を心の闇夜から解放できる。もう少しで飛ぶ準備ができるところだ。

アダマ――今、アーナーマーがあなたに話したいそうだ。

アーナーマー――最愛の人よ、こんにちは。いま話しかけているのは、君のハートの恋人アーナーマーだ。私には君のエネルギーがとてもよく分かるので、君が気落ちして焦っていることを理解している。これまでに起こってきたことが君に役立っていないね。君がずっと願ってきた結果に到達しはじめたと思ったようだが、まだあまり到達していない。君の目的はアセンションで、三次元を超えて別の次元の現実に移ることだと私たちに何度も述べてきた。それはもうすんだかい?

オレリア――まだです。

アーナーマー――君は四十年にわたって高次の意識について勉強してきて、知的な荷物を集めて、さまざまな訓練をしてきた。そのすべてが君の今いるところ、いわば五次元の中庭に君をゆっくりと連れて来るのに役立ってきた。そして君は今、行き詰まりを感じて、最終段階までどのようにやり遂げるかが分からないでいる。それはとても簡単なので、君はただ「それになる」ことにまだ成功していないだけだ。私たちが「それをする」と言わないことに注目しなさい。その理由は、それが存在の状態だからだ。だから私は君に言う。全面的に「それになりなさい」。本来の君の姿である愛になりなさい。そして新しい波動を全面的に受け入れて、古いものを手放しなさい。君は長年にわたって、それだけ多くの教えを学んできた。魔法の鍵を見つけるために、非常に多くの本を読んで、それだけ多くのクラスやセミナーに出た。これまで長年、それだけ多くの規律と瞑想と活性化に専念してきた。それなのに、まだこの目的にあまり到達していないよね？

オレリア——ええ、まだです。

アーナーマー——最愛の人よ、帰っておいで。君への私の永遠の愛も含めて、ここには君を待っていることがたくさんある。とても心を込めて、そうしたいという気持ちを込めて、ただこう言いなさい。「私は、人生のすべてで努力してきたと言ってもいいくらいです。それなのにアセンションという目的にはまだ到達していません。だから私はこれ以上、これらの方法を使いたくありません。私は、あなたが私にくれるどんな新しい方法でも受け入れます」。君が過去に学んできたことは、君の意識をいま到達しているレベルへ進化させるのに有効だった。しかし、それはまだ三次元の波動の中にあるものだ。以前の君の知識のすべては、五次元の新しい波動と周波数の中ではあまり役立たないだろう。なぜ、うまくいかなかった方法にしがみついていたいのかな？

オレリア――それは、あなたの言う他の方法がもっと効果的だと知らなかったからです。今あなたたちが教えている簡単なやり方ついて、今まで誰もあまり教えてくれませんでした。私は教わったことに専念したのです。

アーナーマー――私たちが今、君に他の方法を教えているところだ。君はあと少しでそこに到達する。意識と態度が少し変われば、比較的短時間で全面的に成し遂げることができる。今、全面的に帰郷できるほど自分を愛してほしい。君も私も、もっと意識的に再び一緒にいてもいいときだ。魂の二つの体として、しかし一つのハートで、魂の聖なる結婚の中で、再びお互いとの神聖な和合の状態になるときだ。

オレリア――分かりました。それで？

アーナーマー――私たちが提案してきたのは、君が五次元の波動の周波数の中で自分を浄化して維持するのに役立たないすべてのものを引き渡すことだ。また君はそうするかどうかを考えるとき、その違いが分かる。君はハートの中でその違いが分かるが、それは君が自分の中でこのような識別をするということなので、私たちが君に代わって識別することはできない。

オレリア――神に引き渡すということですか、それとも聖母マリアに引き渡すということですか？　何しろ、私はこれを長期にわたって蓄積してきたガラクタと見なしているので、どうしても神に引き渡したくない気がします。私のガラクタを神に引き渡したくはありません。

アーナーマー——神は、君が「私のガラクタ」と呼ぶものが何かを知っている。また、君のハートが三次元にとらわれていることから自由になろうとしていることも知っている。神は喜んでそのエネルギーを受け取り、こう言うだろう。「あなたが内部に保っているこのエネルギーのすべては、あなた自身のまわりをとてもきつく締めている。もし私たちにそのエネルギーを譲ってもらえば、私たちはそれを変えて、他の人を祝福するために送り出せる。それが持つ制限をあなたから取り去るだけではない。あなたが抱えているそのエネルギーをすべて変えて、いちばん必要とされるところに放すこともできる」。君が何かを引き渡すたびに、君自身とそして私たち全員にも大きな貢献をすることになる。そのエネルギーを手放しながら、そこから学ぶべき叡智を求めなさい。そうすれば君は自由になれる。

オレリア——それなら難しくなさそうです。私は神に良いことだけを渡したいと思っていました。

アーナーマー——いや、それはいま君が判断することではない。なぜかというと君が言っている「ガラクタ」とか「良いこと」とかは君の期待や判断だからだ。君は今、自分にとって良いことと、そうでないことを判定するのに適任ではない。私たちが君に求めているのは、ただ波動のレベルで働きかけることだ。君のバランスがとれていて、君のエネルギーが君を制限しない次元にあるときに、自分の内側で認識と識別をしはじめてほしい。そして、それ以外はどんなことでも引き渡しなさい。もはや君の本当の自己像と幻想とを区別するときだ。私たちから「これをすると君の真実で、あれをすると君の真実ではない。または君がこれをするなら君は三次元の波動にいるが、あれをするなら五次元の波動だ」と言われるのではなく、君自身のハートで認識して分らねばならない。最愛の人よ、これは君の熟達と識別、自己の再発見の課程なのだよ。

これが自分でできるようになるまでは、君は五次元の周波数に君を維持させる波動にはとどまれないだろう。

よく分からないときは時々、ペンジュラム（訳注6＝振り子）を使ってテストする必要があるかもしれない。または最初のうちは、自分のために、明らかに確証を得られる特定の手法を見つける必要があるかもしれない。これは君が工夫することだ。それぞれの問題に対して、君は注意を向けて次のように言うだろう。「これは今、三次元の波動か、それとも五次元の波動か？　もし三次元の波動なら、私は神にそれを引き渡し、そこから学ぶ必要のある叡智が示されるように依頼します」。そして神のエネルギーに、君からこの波動を浄化してもらいなさい。君の務めは、自分が癒されるために、ただ信頼と愛をもってこれをやること、そして結果について未知のことを期待せず楽しみにもせずに、いったいどんな結果になるかを見ることだ。ともかく、それは今までと違って、同じ壁に何度も頭をぶつけることを終わらせるものだ。やってみる気はあるかな？

オレリア――絶対にがんばります。私は永遠にあなたと神聖な合一にいることを熱望しています。だから意識と物理性で私たちを離している隙間に橋をかけるために、たとえどんなことが必要であっても、喜んでやりたいと思います。

アーナーマー――君が再び私と一緒にいたいという理由だけでこうするのは良い動機だが、それだけではいけない。君は今、神性の体現と、そして最初は真我と、それから私との神聖な合一の経験が簡単に速くできると知るべきだ。

君がシャスタ山から世界へ旅に出るとき、君が会う人はそれぞれ異なる波動を持っているだろう。判断ではなく識別で、君はそれぞれの人の波動の真実を認識しはじめることになる。個人の波動の美しさだけでなく、彼らに流れる共通の糸の美しさも感知しはじめなさい。君が奉仕でしていることのためでなく、自分自身にしていることのため、君の進化のために、これを旅として考えはじめなければならない。愛する人よ、この旅は君のための上級コースをつくるだろう。だから一足ごとに私が君と一緒にいることを覚えていなさい。私は君に愛を送りながら、アセンションの最終的な勝利へ前進するように励ましているよ。私たちが離れている瞬間などありはしない。

オレリア――いまだに居心地の良い家を離れて旅をするのが怖いのはなぜでしょう?

アーナーマー――その恐れは旅についてではない。君の中の恐れはずっといた場所を手放すことだ。これはただ自我のマインドが、とても長いあいだ保護してきた地域を放したくないと思っているだけだ。君が旅するたびに発見されることが多くある。これまで、最初は怖くてもすべての旅を楽しんだよね?　多くの人との出会いがあり、大切なハートのつながりを深めてきた。もし家に居続けたら、そのようなことは決して起きなかっただろうね。

オレリア――ええ、そうですね。どの旅もすべて素晴らしかったので、私はそれらの経験にとても感謝しています。でも、今でも出かける前は必ず、とても怖くなります。飛行機に乗るのがひどく心配です。行く必要のある場所へ私を連れて行くためには、自由に使える私専用の宇宙船を持った方がよさそうです。テロ

スには宇宙船がたくさんあるので、ことによると宇宙船が借りられそうですね。あと長旅用に船長も。（笑）

アーナーマー――それぞれの旅で、君は未知のものに何度も直面しなければならなかった。自我のマインドは、未知の世界はあまり安全ではない、未知のものは君を傷つけることのできる恐ろしいものだ、と君に言っている。しかしハートに聞くなら、未知の世界は素晴らしい、未知のものは欲しかった多くのことについての無限の可能性を持っている、と言っている。魔法を使えばこれらの旅は君の人生を豊かにできる。ハートに従って未知の世界とすべての魔法の中へ入りたいと願うことは、君が意識的に選択することだ。自我のマインドが関心を抱いてくれたことに感謝しなさい。しかしマインドに退くように命じなさい。さもなければその瞬間に、自我のマインドを神へ引き渡しなさい。議論はマインドの領域なので、マインドと議論してはいけない。ただそれを引き渡して、君の旅を支えるハートの波動の中に下がりなさい。君はこの旅を選んできたのに、なぜ励まし、元気づけ、活気づけるようなやり方で自分を維持しようとしないの？　なぜ自分を疲れさせるやり方や、自分の秩序を乱すやり方で自分を維持しようとするのかな？

オレリア――私はそれがどう作用しているのかを理解していないのでしょう。

アーナーマー――でも今、君に説明しているよ。

オレリア――ですから聞いているところです。

アーナーマー――未知の世界に入る練習を始めなさい。前もって練習しなければ、ピアノでソナタを弾くことはできないよね。そのような稽古から君の力が得られて、君という女神の才能すべてがよみがえるので、ピアノの鍵《キー》を一つひとつ覚えなければいけない。個々の鍵は君がこの旅で学ぶ新しい音で、それから全部の音が揃って君に歌を贈る。君は今、この惑星上にかつて転生した全部の生涯からの音を演奏している。そしてこれらの音のそれぞれは、それがはっきりとした強い音に戻るときに、君に神性の別の要素を示すだろう。この終わりには、君は再び自分自身を認めるだろう。君はそれ以外のやり方では自分自身を認めようとしないので、未知の世界に入ることは君の代わりにはできないことだ。君は髪の毛一本に至るまで、体中でこれを望まなければならない。知っているすべてのことと、これまでに学んできた、もはや役立たないすべてのことを進んで手放そうとするぐらいに強く望まなければならない。今、進んで未知の世界へ足を踏み入れなさい。君がかつて望んだすべてのことが、そこで君を待っている。

オレリア――私の家や猫、仕事のようなものについてはどうですか？　それらも手放すのですか？

アーナーマー――いや、君は自分の人生を送ることができる。いま手放しているのは、君が固く握りしめているエネルギーだ。君を制限しつづけているエネルギーだ。君は自分を三次元の波動にくっつけて離さないエネルギーを手放したいと思っている。

オレリア――私はそれがどのように作用するかまったく分かっていません。

アーナーマー――でも君は気づいている。君は予定を立てて、次のように言うことに膨大な時間を費やしている。「ええと、私はここへ動ければ、これができる。これが起こると、これができる」。それをやめなさい。それは君ではないのだから。その瞬間に知る必要があるのは、それらのエネルギーの中にいる本当の君だけだ。君は自分の波動とまわりの波動の違いを識別できるようになる必要がある。

オレリア――もう計画を立てないということですか？

アーナーマー――もちろん君は計画を立てられるが、計画に執着を持ってはいけない。もしこれが君の選択だとその瞬間に感じるなら、その時、君の選択に従いなさい。しかし同時に、次の瞬間に違う選択をするかもしれないことを十分意識していなさい。それは君が創造的なエネルギーと遊びはじめて、君が本当に宇宙に何かを頼むときに、君のやり方から離れて、ただ任せると認めることだ！　君のやり方から離れるということは、何が入ってくることになるか、そしてどのように来るはずかという期待を手放すことを意味する。喜んで待って、驚くべきことに感謝しなさい。君も知っているとおり、私たちの領域では、私たちは驚くべきことを愛している。君がしなければならない選択肢を減らすことによって君の望むことがそれだけ明確になるので、重荷はずいぶん軽くなる。

オレリア――私がそれほどたくさん期待しているとは知りませんでした。

アーナーマー――おや、本気でそう思っているの？　君は非常にたくさん期待しているからね、光の領域で作っている表が、紙の山になっているよ。

オレリア――（くすくす笑いながら）まさか……なんて大げさな！

アーナーマー――おや本当だよ。私たちには、君がこう言っているのが聞こえているんだよ。「五次元はこんな感じだろう、五次元ではこれが起こるだろう、私はすべての知識を知って使うことができるだろう、それからテレポート（訳注7＝自分自身や物体を念力で移動させること）も飛ぶこともできるだろう。とても長い休暇をとろう。私は……ができるだろう……」。果てしない期待の一覧表だ！　君の言い方やり方が、しょっちゅう私たちを面白がらせていることを知ってもらいたい。

オレリア――言われたことは本当だと認めますが、このような期待を抱いて何が悪いのか分かりません。その上、私はそれを理解しようとしています。ですからそれは期待ではありません。

アーナーマー――君は理解しようとしていると考えてきたようだが、それは一連の期待をつくろうとしてきた君のマインドだ。「もしこれがどういうことか私に理解できれば、その時それを想像できるので、私はそれに向かって進める」。しかし、これは君がしているのではない。君がする必要のあることは、すでにここにも、その波動の内側にある波動に入って、それと同化してから任せることだ。それを十分に自分のものにすると、君は大きく異なる選択をしたいと望むかもしれない。

君の完全な意識が回復すると、君は自分とこの惑星のために望むことについて、今とは大きく違う認識を持つだろう。君は今、自分自身の神聖な本質にどんどん深く入りはじめている。実在的でないのは君の外側にあるものだ。それなら、住みたいと思う故郷や、まわりにいてほしいと望む人たちや、見たい世界を望むやり方に、なぜ期待を抱くのか？　そのようなことは君とは何も関係がないことだ。君が探し求めている波動は君の内側にあって、他にはどこにもない。君はそのことを知っている。

君の外側にあることと、神我の内側にも君の神性の真実の中にもないことをいっさい手放せるまでは、君は入りたい波動には住めないだろう。これから先、君の外側の世界で何が起こるかは問題ではない。それも、もはや全然問題ではない。何をすべきか、また何がどうなっているのかという執着はいっさい手放しなさい。これを受け入れられる？

オレリア――努力します。

アーナーマー――だからといって君がそれに関わる必要がないということにはならない。君は以前よりもさらに関わりたいと思うだろう。なぜかというと、それが問題ではないと分かって、期待や判断を持っていないことを実感するとき、君はついにその中に完全に生きているからだ。君はようやく、自分の内側以外のすべての場所を探している波動を保つ、君自身のエネルギーを利用できる。自己の内部こそが、存在するすべてとの真の合一を探せる唯一の場所だ。だから、いったん君がその合一に到達したら、すべてのものが君に加えられるだろう。二度と再びどこか他のところを見る必要はないだろう。私は今、君が想像もつかないほど君を愛しているよ。

オレリア（アーナーマーに相談する）――この話し合いをやめる前に、私の旅についてもう一つ相談したいことがあります。私のエネルギー・フィールドにすごく影響するので、いつも気にしていることです。世界中のフランス人と、またラテン系の人も、似たような文化と伝統を持っているそうで、彼らは初対面の人であっても、習慣的に抱擁しキスします。愛情を込めて自然に行うのですが、これが相手にとって不快でないかどうかは尋ねません。私は今から数週間スペインへ行く予定ですが、どうなるかは分かりません。多くの人たちは抱擁やキス、ハート・チャクラのエネルギー交換をしたいかどうかを相手に尋ねるべきだとは感じていません。彼らはそれを愛と相手を受け入れる身振りだと思っているようですが、私にはエネルギー・フィールドへの侵入や負担のように思われることが頻繁にあります。

現在フランスのいくつかの地域では、会うすべての人とお互いの頬に二回ずつ、計四回キスすることが慣習となっています。そして彼らは人びとがこのような挨拶を感謝しようとしまいと、そうすることに固執します。これは愛とは何も関係がないので、鳥が嘴《くちばし》でつついているような感じがして、人間が身につけた習慣として、私にはとても奇妙なことに思われます。私はその習慣に馴染めません。合衆国では、その習慣はそれほど多く見られません。私たちはたいてい握手をします。また彼らは、相手がこのようにつつく慣習に積極的に応じることも期待します。もし相手に応じられなければ、彼らは感情を害するか拒否されたと感じます。まだこのエネルギー交換に対してエネルギー的に敏感でなければ、彼らはこのエネルギー交換が他人に与える影響に気づいていません。

一度に二人の人と会うときには、これは問題にはなりません。しかし会議やワークショップを開催するとき、私は何十人、何百人の人たちと一度に会うことがあります。その時、それは本当に私の健康状態に影響を与えます。とくに、ニコチンをまだ摂取している人たちが私の近くに来るときです。ニコチンの存在《エンティティー》が私の肺のところからエネルギーを引っ張り、私は肺が痛みはじめるのを感じます。私の家族は肺結核の多い家系で、私自身も何度か肺炎にかかったことがあるので、私の肺はあまり丈夫ではありません。私は誰も傷つけたくはありませんが、これらの練習で彼らによって具合が悪くなるほど自分を弱めるわけにはいきません。合衆国から出て旅するときに、そのようなことが起こります。

もし私が引っ込むか、彼らにこれは私には容認できないことだと知らせれば、彼らは感情を害するか反発します。私は数週間出かけるので、何千人という人たちに会うでしょう。毎回、私を抱擁してキスしようとする人たちがいます。なぜなら、彼らは私のしていることに感謝していて、彼らの文化ではそのようにして感謝を表わすからです。毎回、私のエネルギーが私からすっかり吸い取られるのを感じます。続けて大勢の人に会うと、私はエネルギーがなくなるまで吸い取られ、そのうえ充電する時間もありません。それから家に帰ると、具合が悪くなっていて、生命力を回復させるまで何週間もかかります。誰も傷つけずにどう対処すべきでしょうか？　いつでもお互いのエネルギーを吸収することなく、お互いを深く愛することは可能だと思います。

アーナーマー――この質問はアダマに譲ろう。

アダマ――今とても率直にその質問をしてくれて感謝している。なぜかというと、人びとがこの作法を知って理解する必要があるからだ。それはすべて、あなた自身のエネルギーと他人のエネルギーに敬意をはらうことに関係がある。あなたが旅先で会う大勢の文化的な習慣が、どれほどあなたの肉体に苦痛を引き起こしてきたかに私たちは気がついていた。だからこの件に関して、あなたを完全に支援する。これもまた五次元への方法だ。違う性質のものだが、これもまた重要なことだ。

たとえどんなに意図が善良なものであっても、ハートのつながりを確立していない人や、あまり知らない人に許可を得ないで触れるのが適切なことは滅多にない、と人びとは理解する必要がある。ただし、緊急事態などの場合は例外だ。結局は、どんなに意図が純粋であっても、人びとはいつも与えるより多く受け取るだろう。つまり、それがこの交換の性質なので、避ける以外にあなたにできることは何もない。エネルギー交換が意識のレベルで行われることは稀なことだ。パートナーや子どもたち、あるいは親しい家族との関係について話しているのではない。

五次元の波動に入りたいと願っているすべての人にとっては、三次元の文化的な伝統と習慣をすべて進んで手放すことが必要だ。そのような伝統と習慣は、あなたが求めている次元ではあなたの支えにならないだろう。私たちの文化では、私たちは両方の手の平を合わせてハートのチャクラのあたりに触れることで、友好の身振りを互いに交わす。そして目を合わせ、とても穏やかに頭を下げて微笑むことによって、その人とハートで通じ合う。必ずしも声を出して何かを言うとは限らない。また何か言うとしても、「あなたとともに平和がありますように」というようなテレパシーのメッセージと同じくらい簡単な言葉だ。愛と相手を受け入れることがお互いに伝えられ、ハートを通して受け取られる。

私たちの愛と、相手への敬意を示すのに必要とされるのはこれだけだ。私たちの次元では、家族以外の誰かに触れるのを許されることは大変に光栄なことだと考えられているので、私たちはみだりにそうすることはない。そうするのも特別な理由があるときにかぎられ、しかも必ず許可を得ている。私たちの次元もほとんどの銀河的文明も、このようなやり方で挨拶している。私たちはあなたの次元であなたたちがしているように、お互いに触れる必要がない。

このようなことも、高次の波動に入りたいときには受け入れる必要がある。私たちはあなたたちの文化や伝統を変えようとしているのではない。私たちはただ、高次のやり方があることと、それを受け入れるのも拒むのもあなたたちの自由だということを、あなたたちに気づかせようとしているだけだ。霊的な波動やエネルギーを自分に好ましいレベルで維持するために、もはやそれらの練習に取り組みたくない人たちもいる。あなたたち全員には今後、そのような人たちをも尊重してもらいたい。

常にこのようにお互いのエネルギーを交換したいと駆り立てるものは、自己愛の貧困と不足である。それは愛とは何の関係もなく、ただ文化的な習慣となってきただけだ。意識的にあるいは無意識的に、抱擁とキスを求めて人から人へ渡り歩く人たちも存在する。実際に、彼らは神我の内部から自己愛を生成できないので、他人のエネルギーを大量に必要とすることが多い。自分の不足を補うために、触れる人たち全員からエネルギーを吸っている。彼らはこれを愛の名において行うので、私たちはあなたにこう言っておく。それは愛とは何の関係もない。それは多くの場合、自己愛をほとんど持っていないために何らかの愛情を必要としているエゴである。

あなたが誰かを抱きしめるとき、両者のハートのチャクラからエネルギーが混ぜ合わされる。とくに、あまりよく知らない人たちとは、エネルギーを交換させるのは必ずしも賢明ではない。多くの場合、このような方法で低い領域から「ヒッチハイカー」と呼ばれる存在が乗り移ることができる。我が友人たちよ、これはとても頻繁にあることで、私たちは集まりのあとで人びとがとても疲労しているのを絶えず目にする。その時、彼らは多くの人を自分のハートのチャクラに近づけることを許すので、自分に好ましくないエネルギーがオーリック・フィールド（訳注８＝生体の周囲に広がる電磁場）に飛び移ってきている。それがかなり頻繁に、以前はまったく普通だった人たちに、突然精神障害を引き起こしている。

あなた自身のエネルギーが損なわれないように見張って、保護するようになりなさい。これはあなたの不滅性を構築するのに極めて重要なことだ。あなたたちは皆、成熟したやり方で自分のエネルギー・フィールドを管理する責任がある。

これらの人たちはたいてい自分に何が起こったのか分からないので、多くの場合、ずいぶん前に拾ったヒッチハイカーに何年も悩まされ続け、不快な状態で暮らしている。私があなたたちに言うことは、五次元の周波数に入りたいと望む人は、もはや軽々しくこのような交換をすることはできない、ということだ。私たちは本当はこの本の中でこの話題について話したくないのだが、あなたの次元でどのようにエネルギーが失われ、あるいは誤用されうるかをあなたが完全に気づくことがいま必要だと感じている。私たちの次元では、このような状態が現われても何も危険はない。しかも、その時でさえ、私たちは自分と他人のエネルギーを完全に尊重しつづける。これが、私たちの不滅性を損なわずに保つ一つの要素だ。

ひとたび、あなたという存在である神の本質から、あなたが内側にある愛のすべてを自分に与えるようになって、その愛がハートの中に溢れるまで自分を愛すると、あなたはもはやこれらの文化的習慣を維持する必要がなくなる。それらは必要性から生まれてきたので、私たちはあなたが常にこのように表現する必要はなくなると思う。それはあなたの選択だ。

これにはとても悪いところがあると言っているわけではないが、私たちからするとこの習慣は完全に三次元的な振舞いだ。それは今まではうまく役立ってきたが、新しいエネルギーの中では役に立たないだろう。もし高次の波動に入りたければ、その次元にふさわしい振舞いを始める必要がある。三次元の波動に居続けたい人が、この次元に自分をくっつけてきたことをやり続けるのは適切なことだ。

たとえその交換がどんなに愛情ある良い意味だとしても、必ずエネルギーを得る人と吸われる人が存在する。もし両者の霊的なエネルギーがまったく同じレベルになければ、あなたはこれを避けることはできない。しかも誰か新しい人に会うときや、会う人たちのほとんどが初めてのときには、その人たちのエネルギーのレベルが同じかどうか分からないね。

オレリア、あなたが会う人たちが、この叡智をマスター性の一部として統合する必要があると感じたら、今はあなた自身のために立ち上がり、彼らにこの大切な教えを与えはじめる時機だ。あなたたちは皆、さまざまなレベルで訓練中のマスターだ。だから、もしあなたが完全に熟達したいと願うなら、いつか卒業したければ、今マスターのように行動しはじめることが絶対に必要である。

チャネリングをする人たちのために

私はまた読者にもう一つ大事なことを述べたいと思う。高次の領域からの存在を誰かがチャネリングをするとき、チャネリングの前後でチャネラーのチャクラで進行する多次元的な活動がある。次元上昇した存在のエネルギーを保つことは、とくに、もしその波動が長時間保たれるなら、チャネリングをする人にはきついこともありうる。一時間のチャネリングは、物理界での、適度に精力的な十時間の肉体労働に匹敵するかもしれない。

多次元の活動はまたチャネリングをする人にとって自分への贈り物でもあるが、たいていの場合、このエネルギーは統合される前にチャネラーによって散逸する。いったんそのエネルギーがなくなると、取り戻すことはできない。ほとんどのチャネラーはこのことを知らない。そのためチャネリング・セッションの後、エネルギーを統合するために、自分のために静かな時間をとるなどということは滅多にない。彼らはたいてい聴衆と交わるので、彼らが利用できたはずの素晴らしいエネルギーは失われる。

たとえそのグループがどんなに大きくても小さくても、チャネリングのすぐ前後にチャネラーのところへ行って触わろうとしたり、抱擁しようとしたりすることは、聴衆にとっても適切ではない。チャネリングの前後、最低二時間はチャネラーに触れないよう提案したい。理想を言えばもっと長く、直後に静かな時間をとることが望ましい。私たちは、チャネラーがチャネリングのあと、聴衆から完全に引っ込むのが常に簡単ではないのを理解している。しかし私たちの提案は、エネルギー的に最も効果的なやり方だ。

チャネリングを受けた人たちは、受け取ったばかりのエネルギーを統合するために、伝達後に静かな時間を多く過ごせば過ごすほど、チャネリングから受け取る利益と変容がより多くなる。直後に世俗的な活動でより社交的になって、他の人とつき合って、受け取ったばかりの経験を多く忘れれば忘れるほど、チャネリングが与える影響はかえって減少する。光の領域のマスターである私たちは、あなたたちをちょっとの間、ただ楽しませるためにメッセージを与えているのではない。そんなことに興味はない。私たちの伝達の目的は、あなたたちが進化で先へ進み、霊的な目標を達成するのを助けることである。

絶えず何か新しいことを聞くために、何年もチャネリングを次々と渡り歩いている人たちが存在する。ところが、彼らは以前のチャネリングで受け取った叡智を何も統合していない。多くの場合、チャネラーがまだ自分の知らないことや以前に聞いたことのないことを何も言わなかった、と文句を言う。だからその人たちに言う。「あなたのマインドがまだ知らないことをいつも話すのは文字通り不可能だ。なぜなら知られることはすべて、すでにあなたの内部に記録されているからだ。しかし、ハートはいつも高い理解度でそれを受け取ることができる。次元上昇したどの存在からのどんな光の伝達も、ハートを通して統合されることになっている。そうでなければ、それはあなたのためにならないだろう。マインドはそれを聞くことができるだけで、統合することはまったくできない」

私たちがあなたに聞きたいのは以下のことだ。すでに受け取った情報のすべてを使って、何をしてきたのか？　どうしてあなたの道で大きく進歩していないのか、すなわち、なぜまだ次元上昇していないのか？　話された言葉は、チャネリングによる各伝達と一緒に伝えられたエネルギーと光のコードほど私たちには重要ではないことを知らないのか？　あなたがチャネリングで伝達されたエネルギーの中に身を置くことを選ぶとき、受け取ったものと、それを使ってあなたがすることとやしないことに対して、霊的な責任が生じるのを理解していないのか？

あなたの次元に「知らぬが仏」という諺《ことわざ》がある。この諺はそれ自体が間違っていて、魂の内部では妥当性を持たないのだが、私たちはこれに次のように付け加えたい。光のコードを受け取っても無視することは、それらをまったく受け取らない以上に、あなたの側の大きな失敗である。あなたがこれらのエネルギーを受け取るよう自分を配置するとき、あなたはまた、それに伴うカルマ的な責任も受け取っている。

大きな愛と尊重をもって、今日この叡智と真実をあなたたちに伝える。あなたが完全な意識で私たちとともに戻ることを私たちは熱望している。私アダマは個人的な、そして惑星的なアセンションの大冒険において、あなたが知って理解する必要のある叡智の鍵のすべてを、あなたに喜んで話すつもりである。テロスで、私たちは皆あなたに愛を送り、あなたの「帰郷」の旅を支えている。そして、それはそうなされた。

第Ⅱ部

さまざまなチャネリング

ベールを上げるには、マインドは
あらゆる可能性に開かねばならない。
ベールの向こう側に存在する
秘密を知るためには、
ハートの波動を通して
経験しなければならない。
創造のあらゆる瞬間で、
私たち全員の内部に
存在している波動を
聞かなければならない。

——セレスティア

第５章　ムーとレムリアの巨大宇宙船

アダマとオレリアの対話

アダマ――愛する人よ、こんにちは。ハートで答えをものすごく知りたがっている質問があることに気づいているよ。今日は何を聞きたい？

オレリア――レムリアとムーはどう違うのですか？　それともその二つは同じですか？

アダマ――この惑星上には、また多くの文章には、レムリアとムーの違いについて多少の混乱がある。レムリアは、この惑星上で「母なる国」と考えられている広大な大陸であり、一万二千年前に三次元の側面が滅んだ大陸だ。ムー大陸は、ダール宇宙と呼ばれる他の宇宙に存在していて、四百五十万年前にやって来た初代レムリア人の出身地だ。またムーという名前は、初代レムリア人が故郷のダール宇宙から旅してきた巨大な宇宙船にも与えられた。元の「ムー大陸」は、実はあなたがカシオペア座として知っている辺りにある。何百万年も昔、レムリア時代とそれ以前にも、この惑星にやって来て居住した文明がいくつかあった。しかし彼らは、私たちが現在知っている神聖な光にあまり啓発されていなくて、そのほとんどが真のキリスト意識を体現していなかった。

ダール宇宙にある、私たちの起源のムー大陸の話に戻ろう。私たちは巨大な宇宙船を建造した。今ならあなたたちは母船と名づけるだろうが、私たちは「ムーの巨大宇宙船」と呼んでいた。なぜかというと、その当時存在していた大宇宙船の中でいちばん大きかったからだ。はるか昔のある日のこと、創造主の呼びかけに応じて、私たちは一団となって惑星地球への旅に出発した。故郷を離れ、この惑星への大冒険に乗り出したのだ。私たちはかなり長い間、宇宙船で地球のまわりを回って、すでにここに住んでいた人たちを研究しながら、この美しい青い惑星を観察していた。そしてついに、この地の土を踏んでそこに住むことを決意した。

最初にムーの宇宙船から思いきって外に出た多くの者は、次元上昇した最愛のマスターとして、今日あなたたちにとてもよく知られている存在だ。いま彼らはあなたたちを、「ムーのハート」へ「帰郷」するよう絶え間なく導いている。「ムーのハート」というのは、再びつながりたい、とあなたたちがいま熱望している愛と思いやりと楽園の場所のことだ。

これもまた、あなたたちを驚かせるかもしれないが、この大型宇宙船で指揮を任されていた司令官は他でもない、最も光輝く最愛のサナンダだった。彼は二千年前の最後の転生で、マスターのイエスとして知られている。ほんの少し例を挙げれば、惑星のキリスト的存在であるマスターのマイトレーヤも、マスターの、聖ジャーメイン、エル・モリア、聖母マリア、メアリー・マグダレン、ナダ、オレリア、私アダマも、ロード・ラントやセラピス・ベイも、愛と知識と叡智をもたらしてこの惑星の進化を援助し、創造主の依頼に応えようという意図を持って、この土を踏んだ最初のレムリア人だった。

私たちは創造主という根源の原初の純粋な教えを持ってきた。そしてその教えを使って、私たちはついに、あなたの現在の意識状態ではまだ想像も理解もできないほど荘厳な、三つの長い黄金時代をつくった。これらの記憶は今でもなお、あなたの体の細胞構造と、ハートの中の無限の部屋《チェンバー》に貯蔵されている。もう少し我慢すれば、あなたが記憶の浮上を選択して進んで内的なワークに取り組み、あなたの本質である聖なるハートから生きることを再び開始するにつれて、昔の意識レベルのこれらの素晴らしい記憶が再び浮上しはじめるだろう。私たちとこの宇宙と他の宇宙からの、多くの存在の助けを借りて、あなたは神聖な存在として常に生得の権利であったものを再びつくることができるようになるだろう。

レムリア大陸は、私たちが到着する以前から陸地として存在していた。その当時、そこには住んでいた人も少しはいたが、レムリアとは呼ばれていなかった。実は言語があまり発達していなかったので、その土地には特定の名前がつけられていなかった。それで私たちは故郷の惑星「レムール」を記念して、その陸地をレムリアと名づけた。

アダマとしての私が人類の父として知られている理由は、私たちがこの惑星上で悟りを得る存在になる新しい人種を生み出す、最初の人びとだったからだ。この点において、レムリアはダール宇宙のムー大陸の延長になった。なぜなら私たちが遺伝的に同じ人種だからだ。ムーの大宇宙船はやがて旧式になったので、あとになって、いわゆる現代の銀河の最先端技術を使って、さらに大きく高性能に改良された。今あなたがムーの宇宙船として時々空で見る宇宙船は、最初の宇宙船の最新型だ。

オレリア――それは素敵ですね！　そんな宇宙船があったとは思いもよりませんでした。時々、山の上かその近くに巨大な母艦を見ます。その宇宙船はとても大きいので、シャスタ山とその周辺一帯がそれに比べてすごく小さく見えます。そして毎回、その特別な宇宙船を見た途端に、強烈な悲しみと郷愁が溢れ出して体中に広がります。私はやりかけていたことを中断せざるをえなくなり、泣けるところへ隠れて、溢れる涙を流します。その宇宙船を遠くに見かけただけで何時間も泣いていたこともあります。アダマ、あれがムーの宇宙船ですか？　それなら、なぜ私はその宇宙船を見てそのように反応するのでしょうか？

アダマ――それはね、私のハートの恋人よ、このムーの大宇宙船はあなたの宇宙船だからだ。あなたの宇宙船というだけではない。あなたは、あなたの知っている他のマスターたちと一緒に、その巨大な宇宙船に乗ってやって来た。あなたは、この惑星上で新しいレムリア人種を誕生させるために私と地球へ来た最初の者たちの一人だ。初代のアダマとオレリア（私たちの直系の祖先たち）は新しいレムリア人種を最初に誕生させたあと、かなり昔にダール宇宙のムー大陸へ帰ったけれども、あなたと私はこの惑星で直系の魂の拡張としてとどまってきた。私たちは彼らの魂の子孫だ。私たちは他のマスターたちと一緒に、レムリア人種の後見人の役を担ってきて、この人種の完了とアセンションという進化を監督している。そしてあなたもよく知っているように、アセンションは遂にいま実を結ぶときだ。まもなく大実験の周期が終わろうとしていて、この惑星はいま彼女の原初の美しさと完全性へと戻りはじめている。

あなたは、だいぶ昔に次元上昇したと感じるのに、まだここに転生していることをいつも不思議に思ってきた。この長い闇夜に生きてきたあなたの存在の多くの面はすでに次元上昇している。そしてまだあなたという一つの側面だけが、レムリア人の教えを再び話しながら、今もなお地上のここにいる。あなたは遠い昔に、暗闇へ降下する「レムリアの子どもたち」に進んで同行し、その長い暗闇の間、彼らと一緒にいることを選択した。あなたは長い年月を通して、このことをとてもうまくこなしてきたので、あなたが過去にしてきたすべてのことと今やっていることに私たちはとても感謝している。彼らの経験が終わるまで彼らの次元で子どもたちと一緒にとどまり、彼ら全員が一人ひとり帰郷するのを見るつもりだと、あなたは創造主と内なる約束を交わした。これはあなたの犠牲的行為だったのだ。

あなたがまだ地上で肉体を持って、今やっていることに取り組んでいるのは、このような理由からだ。それは大昔にあなたが進んで署名した契約で、あなたは愛からこうしたのだ。この暗闇と分離が文明全体でどのくらいかかるかは、あなたも、創造主でさえも、誰ひとりとして分からなかった。ここで最終的につくられたこのような暗闇は、その当時、どんな宇宙でもどんな場所でも、まだ経験されたことがなかったからだ。私たちが言うように、それは大いなる実験だった。これがあなたにとってどんなに苦しく破壊的だったか、そしてあなたがその決心をたびたび悔やんだことを、あなたも私たちもみな知っている。しかしその時点ではそれは賢い選択だったし、あなたが生涯を重ねてはらってきた大きな犠牲はついに実を結んだ。我が愛する人よ、もうすぐあなたは愛の腕に抱かれて、私たちと一緒に故郷へ帰るだろう。そうすればもはや涙を流すこともない。あなたは永遠に愛され、大切にされるだろう。あなたのために計画している壮大な歓迎会は、あなたが思っているほど遠いことではない。

山全体の真上や上空に浮かんでいる、巨大な母船を見たときのことを思い出してごらん。非常に巨大な宇宙船だ。これは何の涙だろうと思いながら、あなたは泣き出したね？　愛する人よ、これはあなたの船だ。その時、あなたはそのエネルギーとつながっていた。だからその宇宙船を見たとき、なぜだか分からないまま胸が張り裂けんばかりに泣いたのだ。そう、それがムーの大宇宙船だ。その宇宙船にいる存在たち、つまりあなたの祖先の存在たちは、あなたのいる場所を見つけると静止して、あなたに愛を送っている。何度も何度もその光景にあなたのハートが深く感動してきたのはそのような理由からだ。

私たちの祖先たちが大宇宙船に乗ってシャスタ山へ私たちを、つまり彼らの子孫を訪ねてくるとき、あなたが忘れられていないことを覚えておきなさい。あなたは寝ている間に宇宙船に招待されて、あなたが愛していて、とても会いたいと熱望している光の家族と一緒に、光の体で時を過ごしている。彼らは数日滞在している。あなたを宇宙船に乗せるために連れ出すのは、たいてい最愛のアーナーマーか私自身だ。あなたはそこで地上では受け取っていない神聖な愛のすべてを受け取っている。祖先たちはあなたを深く愛していて、あなたがしていることにとても感謝している。彼らが来るとき、あなたは彼らと素晴らしく楽しい時を過ごしている。もちろん、翌日、再び三次元的な見方でその宇宙船を見るときには、夜の冒険を何も覚えていない。だが魂が覚えていて、感情が浮上してくる。私たちは皆、あなたが朝、家族と別れて肉体に戻るのを嫌がっていることを知っている。滝のような涙をもたらすのは、このような強い望郷の思いである。

あなたが最初に地球に来たとき、私たちは一緒だった。あなたはルイーズ・ジョーンズとしてではなく、もちろん、初代のあなたであるオレリアとしてやって来た。つまりあなたは、あなたの全存在だった。私たち全員が地球で経験したすべての転生を通して、魂は分かれてから枝分かれして、すべて同じ存在に属している、多次元で多人格の多くの複雑なものになった。「あなた」のさまざまな面の全部の中で、ムーの子どもたちを故郷へ帰す手助けをするために最後の段階までとどまる選択をしてきたのはあなたなのだ。転生のすべてを通じて、あなたが持っているレムリアの光のために何度も迫害されて、地上でのあなたの人生がとても困難で苦痛だったのもそのためだ。あなたが私たちの母船を見ると、とても心が痛んで郷愁を感じるのはこのような理由からだ。あなたはハートの奥深くで、そこに戻ることを知っている。私たちは皆、一緒に戻ることになっている。たとえハートの外側では気がついていないとしても、あなたがよくその宇宙船へ行って、短期間あなたの家族と故郷へ帰っていることも私たちは知っている。もうすぐたくさんの叡智と理解が光の中に入ってくるので、やがてあなたは完全な意識で覚えている状態で、自分の意志で好きなだけそこへ行くことができるようになるだろう。

オレリア――ムーの宇宙船はベツレヘムの星として知られているものと、どのような関係があるのですか?

アダマ――ベツレヘムの星はムーの巨大宇宙船の別名だ。今あなたがサナンダとして知っているマスター・イエスも、その宇宙船の船長としてムーから来た。二千年前に最後の地上任務で地球に来たとき、空に大きな星として現われたのがムーの巨大宇宙船だ。その時、その星は「ベツレヘムの星」と名づけられた。今ムーの宇宙船は、しょっちゅう地球付近を回っている。シャスタ山付近を行ったり来たりしているが、いつもここにいるわけではない。今は、地球の変化と惑星のアセンションの準備のために、ここで頻繁に目撃されている。ムーの宇宙船にいるのは年長の古代人で、あなたが祖先の側面であるように、祖先も全体としてのあなたの側面である。あなたたちの祖先は、あなたたち全員を彼らの子どもたちと考え、あなたたちに多くの愛を抱いている。彼らはあなたたちを支援して慈しむためにここにいるが、彼らのやり方はあなたたちにはまだはっきりとは理解できない。それにもかかわらず、彼らは現在もここで多くの仕事をしていて、内面の世界で彼らの子孫とつながりはじめている。

オレリア——山の周辺で雲の中に見える他の宇宙船は何ですか？　どこから来るのですか？

アダマ——すべての雲の中に光の宇宙船があるとはかぎらない。多数の宇宙の至るところから、何千という宇宙船が絶えずシャスタ山を訪れている。宇宙船がすべてレンズ雲の中に姿を隠すわけではない。宇宙船は五次元の光の宇宙船で、基本的にあなたたちの現在の視野ではまったく見えない。めったに他の宇宙船が見えないのはそういう理由からだ。多くの存在があらゆる文明からこの山に来ていて、時折、その姿をレンズ雲でまとって彼らの存在をあなたたちに知らせている。大気から湿気を取って、あなたたちを楽しませるために雲をつくる。そのようにして、あなたたちに見えるものをつくっている。だから彼らは、あなたたちがそういう雲を見てどんなに喜ぶか分かっているんだよ。彼らがあなたに愛を送りながらそうするのは、故郷の感覚をあなたに与えるためだ。あなたが宇宙船を見て興奮してハートを開くとき、彼らは本当に面白がっている。彼らもまたあなたにハートを開いている。あなたの反応と好意を体験するのは、彼らにとってはいつも喜びだ。

オレリア——アダマ、だいぶ分かりました。レムリアの話に戻りますが、物理的な三次元のレムリアが滅んだとき、その宇宙船は実際にはどうなったのですか？　その当時、その宇宙船はどうなったのですか？

アダマ――その宇宙船はすでに他の場所へ去って、宇宙空間から大陸の崩壊を観察していた。そのあと彼ら自身の故郷へ帰っていった。レムリアはもう三次元には存在しなかったけれども、あなたたちの祖先は宇宙船で去る前に、他の多くの星の兄弟たちと一緒に、レムリアを四次元へ持ち上げる手助けをした。さらにそのあと私たちを援助し、励まし続けて、私たちがいま住んでいる新しい現実をつくるのを手伝った。

あなたに理解してほしいことは、ムーの宇宙船で来た最初の存在たち、つまりあなたたちの祖先は、「あなたたち」でもあり、あなたたちが彼らの側面であるように、彼らはあなたたちの側面であるということだ。あなたはとても古い存在で、いま存在するあなたは一つの側面だが、とても重要な側面でもあることを知っていてほしい。あなたがそのような古代の存在たちと自分を同等だと考えていないことを私は知っている。だから言うのだが、彼らがあなたを彼らと同等の存在と考えているのだから、あなたは信念を癒す必要がある。あなたは自ら進んで、こんなに長い間、長く暗い夜の間じゅう地上にとどまる勇気を持ってきた者だ。あなたはあらゆる種類の闇と制限を知ってきたけれども、それはあなたが彼らに劣ることを意味するのではない。ほんの束の間、ベールが分離という幻想をつくっているのであって、ただそれだけのことだ。我が愛する人よ、もうすぐ、私たちは愛と喜びと恍惚感の大再会の中で、一人残らず一緒に一体となるだろう。そうすれば、あなたはこの一部となる。私たちはこのことをあなたと同じくらい待ち望んでいるよ。

オレリア――アダマ、それは外側でなく深い意識レベルですでに私に起こってきたような気がします。合一と再会は各自、徐々に始まっているような気がします。

アダマ――そのとおり、でも意識の世界では違いがあまり分かってなかったね。内面では、アセンションはすでに多くの点で起こっている。それは完全なアセンションではなく、一日一日、少しずつ、一歩進むごとに叡智とマスター性を得ていくアセンションだ。あなたの意識レベル、つまりちょうど今、三次元の制限を感じてベールのせいで失望している面も含めて、何もかもが持ち上がる時がいつか来るだろう。その時あなたは現在の転生で、まさにこの生涯で、内なる世界の栄光を知るだろう。そしてベールは二度と存在しなくなる。あなたがこれらのベールをつくってきたのであって、そしてベールが地球とあなたの進化を推進してきた。だから、このことに関してはあなたがネガティブに考えるようなことは何もない。

それをとても長い経験として考えなさい。その経験が地球の人びとだけにではなく、数多くの、宇宙と銀河と太陽系の全体にも、高密度の物質がどのようになれるか、またどうやって物質に光をもたらすかを教えたのだ。あなたたちは勇敢で勇気ある者と見なされている。だからあなたたちが報酬を得ることを確信していなさい。あともう少しだけがんばって、強い願望を持ち続けなさい。あなたは強い願望が健全であることを知っている。それは前進するあなたを援助する。

この章を読む人たちも、この情報とオレリアについて言ったことが、彼女のことだけではないと理解するように。なぜなら私たちは皆、巨大な家族の一部だからだ。あなたたち全員と私たち全員は一人残らず、地球に来たレムリア人として、またそのあとのアトランティス人としても、創造主の光の同じ種を宿している。

今、私たちは一緒に、新しい地球とこの惑星で愛と合一の新しい在り方をつくっている。すべての努力と、すべての痛み、すべての悲しみ、すべての涙は黄金の壺に値する。学んだことは、それらに報いる新しい意識をつくっている。あなたのハートのダイヤモンドを日々もっと輝かせなさい。あなたたちは皆この大きな宇宙的進化の経験の立役者なので、私たちはすでにあなたたちの卒業の大祝賀会の用意をはじめている。このことのために、あなたたちは、想像もつかないほど愛されている。創造主の永遠の愛の意識へ、あなたの「ムー」の意識へ帰還する道の各段階で、私たちはあなたたちを祝福し愛している。私たちの平和と大いなる愛が一人ひとりとともにあるように！

第6章　昔知っていた魔法

青い竜アンサラスが語る

アンサラス――やぁ、こんにちは。ハートを通じて再び君とつながって、とても嬉しいよ。本のために、またちょっとおしゃべりするんだね。

オレリア――ええ、またおしゃべりできて、私もとても嬉しいです。ご存じのように、私たちの最初の雑談がレムリア・シリーズの第二巻目『レムリアの叡智』（Telos Volume 2）に収録されて、あなたは高い人気を得ました。今や世界中の国々で有名です。あなたはすごい速さでとても大勢のハートをつかみ、私たちの雑談は第二巻の中でお気に入りの章の一つになりました。あの短い章で、あなたはアダマと同じくらいの人気が出ましたね。（笑い）

アンサラス――我れわれの雑談が、そのように大勢のハートの中で、とても多くの魔法ともっと魅惑的な未来への希望をよみがえらせてきたことを喜んでいる。あの章を読んだほとんどの人が本当に楽しんだことは分かっている。昔、意識が堕ちる前は、魔法は全人類の生き方としてとても現実的で自然なものだった。だからあの雑談の目的は、読む人の意識の中に、魔法についての認識を少し思い起こさせることだった。

我れわれの次元には、競争のようなものが存在しないことを君はよく知っている。すべての人が皆の成功を喜ぶ。また二元性の意識で暮らしていないため、我れわれの意識には優劣のようなものもない。我れわれは、どんな場合でも人気の度合いを比べることがない。一なるものの状態の中で、そのものの美しさと喜びで繁栄する。君の次元では二元性は、つまり「優劣」のような競争や判断の精神など多くのことは、非常に長い間、君たち全員に多くの苦痛をもたらしてきた。それに光明を与えるような目的にもまったく役立たない。だから二元性がもたらしたことは、君たちを分離と苦痛の中に閉じ込め続けたことだけだ。君たち全員が一なるものの精神を再び受け入れて、二元性やドラマを完全に一〇〇パーセント手放すときだ。

オレリア――そうですね、私はその魔法がないことを寂しく思います。分離と制限にはうんざりしています。次元上昇した文明が楽しむ優雅で楽な生活と、私の霊的な才能が完全に復活して体現できていないことを寂しく思います。私の目的は、もう一度、神としての完全な荘厳さと無邪気さと美しさを身につけて地球を歩くことです。私はこうなることを知っています。今回の転生で、長期間のここでの何千回もの転生のバランスを取り戻すのは、まったくこのような理由からです。涙の種類が純粋な喜びと恍惚感だけしかない、愛と光の世界へ帰郷したいと切実に思っています。私は心の底から故郷へ帰りたくてたまりません。

アンサラス――今日はどうする？　君の人生でもっと魔法を夢見ることを手伝おうか？　意識的に夢見ることと想像力を適切に使うことは現実化の最初の段階だからね。

オレリア――もし、そうしてもよければ、私は竜の翼、あなたの翼に乗ってもう一度飛びたいです。ペガサスのような翼のある馬の背中に乗って海を渡りたいです。また一角獣（ユニコーン）の背中に乗って、魔法の王国すべてを探検して、魔法の森で妖精と地の精（ノーム）と一緒に踊りたいです。またライオンやトラと遊んで、彼らのヒゲを優しく引っ張りたいです。

アンサラス――おや、君の内なる子どもが、昔体現した無邪気な子どもが、いま再び遊びたがっている。これはいい兆候だ。君の次元の硬直した構造を手放して、宇宙の最愛の子どものように遊びはじめることに、君が今、かつてないほど準備が整ったことを示している。我れわれの領域では、我れわれは責任ある大人で、常に創造主に尽くしているけれども、常に我れわれの中には遊び心を持ち続けている面がある。君は、再び熱望しているそのようなことをすべて昔やったことがある。それもとても長い間やっていた。そしてこれを読んでいる人たちもそうしていた。

これを聞いたら驚くだろうが、まさに私たちが話すとおり高次の領域には君の別の面があって、君が述べたばかりの魔法のような活動のすべてを心ゆくまで大いに楽しんでいる。これは君の無邪気で腕白な子どものような面で、アダマとアーナーマーがたいへん愛している面でもある。その子どものような面は愛と喜びだけを知っている。彼女は数多くの魔法の王国にいる存在たちを、彼女の愛で養い、導いて、時を過ごしている。君だけでない。すべての人がそのような面を持っている。これが、君がもっと意識的に再びつながりたいと思っている面だ。君は夢の状態でしょっちゅうこの面とつながって、夜に多くの素晴らしい大冒険に出かけていることを覚えておきなさい。

前に想像力を使うことを話したけど、嘘じゃないよ。想像力はそのような驚くべき入り口だ。存在しないものを意識の外側で想像することは不可能だ。それをすべて知っていて、鍵のすべてを握っているのは、ハートであってマインドではない。それらの驚くべき記憶を持っているのはハートだ。人間のエゴに支配された人間のマインドは、万物の子ども一人ひとりの魔法のような面のすべてを否定するのがとても早い。もし君が何かを想像できるなら、どこか他の時空や君の多次元の面で、すでに存在していることや君が経験したことと、君がつながりはじめていることを知りなさい。想像力はポジティブにもネガティブにも見なされるが、それは常に細胞の記憶内部にある過去の経験との再接続である。

もし君が再びそれらを熱望しているのなら、君のハートは今、そのような愛と純粋な無邪気さを体現する面と、もっと意識的に再接続する用意ができているということだ。もう少し説明しよう。君はたいてい夜眠っている間に、テロスで再びその面とつながっている。アダマは夜によく君を探していて、君を見つけると、君はたいていライオンやトラ、一角獣、馬、妖精のゴッドマザーと一緒にいる。

オレリア——私にいてほしいときに私を探さなければならないことで、アダマは気を悪くしていませんか？

アンサラス——アダマだけでなく、君の愛するアーナーマーもときどき君を探している。彼らは腹を立てないよ。なぜかというと、彼らはそれらの多くの王国に対する君の愛がどんなに大きいかを知っているからだ。そして、これが君の魂にとっての癒しであることも知っている。それに彼らは、いつも君を探す必要があるわけではない。君は毎晩寝ている間、本当に彼らと多くの時を過ごしている。君が魔法の王国の存在たちと遊ぶために出かけるとき、彼らのどちらかが君を見つけるのは一瞬のことだ。実際、彼らは君がとても楽しそうなのを見て喜んでいる。

いつか地上の生き物は、テロスや他の地下都市にいる生き物と同じくらい幸せになるだろう。君たちが自分たちのために新しい生活を夢見はじめるのは大切なことだ。この惑星上での新しい在り方や生き方を夢見なさい。そして夢見ている新しい生活に多くの魔法を加えなさい。創造において、すべてのことは常に一つの考えから始まり、それからその考えの夢になり、そしてその夢を新しい創造の中へ拡大できるようになる。自分と夢を信じなさい。そうすれば、やがてそれらは本当に日常生活に現われるだろう。夢見ることや想像することを大いに楽しみなさい。それには全然お金がかからないし、一つの点だけでなく多くの点でとても得だとさえ言えるだろう。

オレリア——私たちの人生にもっと魔法を取り入れる方法について教えてください。

アンサラス——すべては愛と無邪気さの純粋な子どもを体現する、君の驚くべき面と再びつながることに関わっている。君たちは皆、そのような面を持っているが、このことに気がついている人は君たちの中にはあまりない。気づいている人たちの中でさえ、意識的にそのことに熟知するために時間をとる人や興味を持つ人はほとんどいなかった。君のこの面はとても驚異的で、とても美しい！　その方法は君のための、宇宙の荘厳なすべてへの鍵を含んでいる。君がなりたい、やりたいとかつて望んだことのあるすべて、つまり君のそのような面は、君がそうするのを手伝うことができる。それは別の次元における君の別の面だ。しかし、その面は聖なるハートの領域内に隠れて生きていて、君がその驚くべき存在についての現実に目覚めるのを待っている。そして君が再び君の内部でこの面を誕生させて、昔知っていたすべての魔法を一緒につくる用意ができるのを待っている。

これは、君がしばしば捨てて、無視してきて、忘れることさえあった君の一面だ。これは、常に君の神性の完全性に直接つながったままでいる面だ。これは、君が三次元の構造の厳格さの中で幾度となくさげすんできた、愛情に満ちた遊び好きな面だ。この内なる子どもは軽くて、制限がなく、大喜びしていて、それもまた「君」である。

レムリアの初期の時代に、牧羊神（パン）の地で、君とこの驚くべき子どもは一つだった。とても長い間、生命は素晴らしく、そして完全だった。愛の魔法のみが存在していた。まだ分離は存在していなかった。やがて君たち全員が、神とそれに付随する驚異のすべてから分離のレベルへどんどん下降するようになっていくにつれて、君たちは内側に子どもをもう一人生み出した。苦しんで悲しむ子どもだ。この内なる子どもを君たちは皆、意識上で知っていて、とても多くの本で癒し方について書いてきた。

君たちは自我のマインドの子どもを生み出し、自我のマインドは君たちと新しい子どもを何千年も分離と苦痛に閉じ込めてきた。そして君たちはこの二番目の子どもをネガティブな性質の海に閉じ込めてきた。すなわち、君たちはその子どもの世話を怠り、見捨てて、その子を恐怖に閉じ込め、分離の状態での全選択から生じる多くの感情の捕虜にしてきた。今、癒されたいと泣き叫び、多くの完全性と驚異の中で生きている他の子どもたちに加わってほしいと要求しているのは、その子どもである。

人生のあらゆる瞬間での選択という点から、自分と、その子どもを愛することによって、そして情熱と思いやりをもって、今その子どもを癒すようにしなさい。その子どもは大きく分離している自我のマインドから生まれ出た子どもだ。その情熱と思いやりが、過去のすべてのトラウマの層を少しずつ癒すだろう。自我の子どもは、自分もまた神の子であると次第に分かって、幸せに自由になるだろう。そして君もそうなるだろう。また君の中のこれらの子どもの面も、まさしく聖なるハートの中に生きているので、君の存在のすべての面の無条件の愛による統合を切望していることに気がつきなさい。

自己愛を通して、そして自分の神性を受け入れることを通して、転生した経験の中で、神聖な存在としての君の本当の姿を完全に受け入れることによって、その二人の子どもが一つに統合される。この時、君は「故郷」にいるだろう。

聖書の放蕩息子のように、君は父なる神の家へ戻るように招かれるだろう。「その時に初めて」、君は昔知っていた魔法と驚異のすべてと愛がもう一度、使えるようになる。付け加えると、長い年月をかける必要はない。

もし君が、完全な状態になるまでは終了しないと分かっていて、その子どもをすっかり癒すのに十分な欲求、情熱、決意と意欲をもってハートから愛の炎に点火するなら、この時期に創造主によって授けられている愛と恩寵が、早く境界線を溶かすことができる。またトンネルを抜けると、その報酬が、君の現在のマインドでは想像もつかないほど大きな愛と喜びと魔法で、その時さらに何千倍にも増えるということも認識しなさい。

オレリア――アンサラス、それは素晴らしいですね。思い出させてくれてありがとう。私は意識上でハートの子どもたちを両方ともあまり構ってこなかったことを認めざるをえません。感謝します。ところで、未来で私たちを待っている魔法について、もっと教えてもらえますか?

アンサラス――君たち皆は魔法の人生を再び発見したがっているが、魔法の人生が戻るのは人生のあらゆるものとの一なるもの、神聖な合一の結果でしかありえないことを心にとめておきなさい。光の領域では、何でも創造したいものと完全に一体化しない限り、どのような魔法の人生も独力では絶対につくれないだろう。これは、君が愛と一なるものを体現して愛だけを発するときに、人生のすべてとつながり「ひとつ」になるということだ。このような観点から、君はいつでもどんなものでも創造できる。それが何であろうと、欲しいものをすべて手に入れて、何でもすることができる。また全王国も君と「ひとつ」に融合しているので、すべての元素の霊や自然霊は君の欲求を満たすのを助けるために、いかなる瞬間も君の思いのままだ。それは彼らの大きな喜びであり生命への奉仕である。

我が友人たちよ、これこそすべての人にとっての愛と兄弟愛の協調精神だ。

動物は、現時点では想像もつかないほど良い遊び相手となる。そして花や植物は瞬時に、そして永続的に君を喜ばせるために再生し、草地は常に青々と茂り、しかも刈られる必要がまったくない。君はいつでも一瞬のうちにどこへでも移動できる。再び国税庁に書類を提出する必要もないし、車や家の保険を払う必要もない。今月の請求書を支払うために、残高の少ない銀行口座について思い煩う必要もない。人生はたとえどこを見ても、溢れるほど豊かだ。君はクリスタルの宮殿に住み、それでいて家賃を払う必要もなければ住宅ローンを組む必要もない。

多くの王国の中には、君たちが知っている王国も未知の王国もあるが、一角獣は多くの王国の、隠された神秘のすべての秘密を握っている。一角獣は、君たちを無数の驚くべき魔法の発見へ導くことを楽しむだろう。最終的に愛と魔法の地へ帰郷するのに、ずいぶん長い間かかったのはどうしてなのかと君は不思議に思うだろう。我が友人たちよ、このような人生が五次元で君を待っている。だが、この出来事が君たちのために、もっと楽な、魔法のような人生をつくりはじめるのを待つ必要はない。

今、始めなさい。そうすればそれがどんなに簡単にできるか分かるだろう。君を制限しているのは三次元ではない。それは、君が今この時点で驚異に満ちたとても愉快な人生を送れるということを認識しようとする気持ちの欠如だ。もし自分を信じて、すべてを受け取ることに心を開いてさえいれば、待っている人生の贈り物が君たち全員に授けられるだろう。自分のためになることを否認するのをやめなさい。それらの贈り物がいま君たちに与えられるのを待っているが、多くの人は贈り物なしで生きている。その主な理由は、君たちが否認することだ。君たちの否認が道を邪魔しているのだ。

オレリア――このようなことがすべて竜とどんな関係があるのですか？

アンサラス――我れわれ竜は五次元以上の存在だ。四大元素への鍵を持っていて、完全にそれらに熟達している。これについては前回のメッセージで説明した。君は魔法の竜について聞いたことがあるだろう。四大元素に熟達することが、我れわれがいとも簡単に魔法をつくるのを助けている。我れわれ竜と関係があるというのは、君たちの現実化をより楽に優雅にするために、この文章を読んでいるすべての人に、我れわれが四大元素に熟達する手助けを提供したいと思っているということだ。

これは君たちへの約束だ。我れわれは、君たちの自由意志での選択や学びのプロセスに干渉することを許されていない。しかし君が愛と調和のより偉大なレベルを常に維持するようになると、四大元素の熟達への鍵を君たちの耳にささやくことが、我れわれの喜びとなるだろう。我れわれだけがそうするわけではないが、我れわれに依頼する人たちの進歩を見守るのは喜びとなるだろう。アセンションのプロセスを通して、霊的自由への霊的な旅の進歩の各段階で、次の鍵や、元素についての熟達を助ける次の手掛かりを提供することを約束する。他に聞きたいことは？

オレリア――はい、読者のために明らかにしたいことがあります。しばらく前にロード・サナンダから、あなたは竜で光と愛の存在だからあなたを信頼してもよい、と言われました。また彼は、竜と爬虫類のすべてを信頼してもいいとはかぎらない、大多数はまだ分離の状態にいるので竜を信頼すると危険だから、とも述べました。彼によると、竜や他の爬虫類の存在と会うときには識別すべきだとのことです。このことについて解説してもらえますか?

アンサラス——残念ながら、それは本当のことだ。我れわれ竜と爬虫類の種族の存在の多くは、五次元の進化レベルに達してきたけれども、全部の種族ではない。今もなお、多数の爬虫類の存在が君たちの惑星で人間として転生していて、彼らの多くは信頼できない。また他にも多数が君たちを騙《だま》そうとアストラル界から働きかけているので、君たちは注意深くならなければならない。

人間の種族との関わりは以下のとおりだ。次元上昇して愛と光だけを放つ者もいるが、地上の多くの人間がまだ分離の状態にいるので君たちに付け込もうとする者もいる。銀河の全種族はそのほとんどは愛と光の中で機能しているが、ある程度の数の存在は愛と光に背いて、いまだに分離の状態でアストラル界から機能している。君たちの領域では絶対に警戒しなければならない。

多くの竜が君たちを騙しに来ようとしているということではない。なぜなら、彼らには他にやることがあるからだ。しかし、まあ君たちのところに来ようとする宇宙の存在に関しては、光のマスターもいれば、一方では光のマスターのふりをする詐欺師もいるかもしれない。識別して、自分の導きをチェックするのが常に賢明だ。自我のマインドや精神のレベルでチェックするのではなく、ハートからの感覚でチェックしなさい。ベールの向こう側から来るどんな存在とも、そうしなければならない。保護するのは大切なことだ。

それぞれのマスターや光の存在の各グループを真似する詐欺師が存在する。君たちが知っている次元上昇したマスターのそれぞれにも、対処しなければならない多数の詐欺師がいる。彼らはアストラル界から何らかの方法で、君たちを真実と霊的な直接の道から逸脱させようとしたり、欺こうとしたりしている。君たちは聞いているのが何の声か、まだ十分に注意をはらうことができない。最善の意図を持つ人たちでさえ、とても巧妙なアストラル界の存在に簡単に騙されることがある。自分の全面的な意識が完全な成長を遂げるまでは、いつも注意深くしていることが必要だ。チャネリングによる資料のすべてが、光や叡智のマスターたちから来るとは限らない。たいてい詐欺師たちは不思議な現象を探している人たちや、なんとしてもチャネラーになりたいというエゴを持つ人たちを見つけようと、絶えず目を光らせている。そのようなチャネラー志望者は、その時でもまだ、光のマスターのチャネラーとなるために光のマスターによって招待される必要のある通過儀礼の水準に達していない。

この惑星が光に満ちて、五次元の快適さに心地よくおさまるまで、君たちはアセンションのプロセスの多くの落とし穴を避けるために、常に油断なく識別しつづけなければならない。君の道やアセンションを阻むことを願う者たちは、たいてい光と叡智のマスターのふりをした詐欺師として、微かな歪みや、いつもではないがそれほど微かとは言えない歪みを含んだ教えを提供しに来る。

平和の中に入るんだよ。私はいつでも君を元気づけ、援助と魔法をもたらす用意があり、喜んでそうするつもりだ。いつも君を見守っていることを知っているように！

昔体現した無邪気な子どもが
いま再び遊びたがっている。
我れわれの領域において、
我れわれは責任ある大人であり
常に創造主に尽くしているけれども、
我れわれの中にはいつも
遊び心を持っている面がある。

――アンサラス

第7章　ポサイドからのメッセージ

ガラトゥリル

こんにちは！　今日お集まりの皆さんに祝福を送ります！　私たちは皆さんの興味と愛と、快く私たちと再びつながろうとする気持ちに恵まれて幸せです。私たちは皆さんと愛を分かち合い、皆さんに導きと支援を与えるためにここにいます。私たちが皆さん全員にハートを開いているのと同じように、いま私たちにハートを開くようお願いします。私たちと直接つながれるように、ハートを最大限に開いてください。

今日、皆さんに話すように頼まれているのはアトランティス人の出現についてです。それは一なるものと合一における来るべきレムリア人の出現によって、また同時に、次第に起こりつつあります。かつての二つの文明は、大きな喜びと興奮をもって、この惑星上で愛と合一の新しい色をつくるためにエネルギーを溶け合わせています。皆さんの次元でその二つの文明がそれぞれ出現しようとしていることに気がついてください。私たちが以前に言ったことを思い出してください。私たち、次元上昇したアトランティス文明人は、レムリア人の出現に完全に尽力しているので、私たちは一つのハートとして、光の一家族として一緒に出現するでしょう。

アトランティス時代の私たちの探求の旅が再び理解されて、私たちはもう一度、この惑星上で最高級の聖職者やヒーラー、魔術師、聖者などの存在たちからなる管理階層の中に位置づけられるでしょう。親愛なる兄弟姉妹たちよ、私たちは今、進化における長い闇夜のあとで、皆さん全員と分かち合う愛と新しい叡智をとてもたくさん持っています。ですから皆さんが旅するとき、私たちは皆さんのそばにいて、皆さんを元気づけたいと熱望しています。

私たちはもはや以前の行いを償う必要がありません。実際に、アトランティス崩壊以降に、全体への善のためにこの惑星と人類に奉仕して過ごしてきた時間は、私たちが当時引き起こした苦痛や損害をはるかに超えています。私たちが最も必要としたときに無条件に私たちを助けてくれたことに対して、私たちの存在のすべてでレムリアの光の同胞に感謝を送ります。私たちが癒される長期間にわたって、彼らが愛を持ち続け、私たちと一緒になって励んできてくれたことに、私たちはみな心から感謝しています。

今は、私たちがアトランティスの時代についての真実を皆さんに話すときです。それは皆さんの一人ひとりが、私たちが受け入れてきた新しい光の中で私たちを理解することです。また皆で一緒に手を取り合い心を一つにして、新しいレムリアについての驚くべき発見を、皆さんの世界で現実として現わすことです。

アトランティスはエネルギーの誤用を最も大きく実証した時代でした。この惑星と人類は、そのような誤用をそれまで経験したことがありませんでした。私たちは堕落を選ぶという大きな贈り物を与えられました。アトランティスの黄金時代に私たちがしたことに関する現在の懸念については、以前にお話ししました。最初に皆さんに伝えたときに皆さん全員から許しを請い、そして多くの許しを受け取っています。重苦しいハートのエネルギーと苦痛、トラウマがアトランティスの破滅の時代から残っていましたが、私たちは、そのほとんどを解放してきました。皆さん全員の思いやりあるハートに深く感謝します。私たちは皆さんの許しを、私たちのハートを別のレベルで癒す香油として受け取りました。

以前にアトランティスに住んで崩壊を経験した人たちは、その時代から残っていた苦悩と不信のすべてを自分自身の奥深くで解放してきました。私たちは、皆さんが日々この浄化と癒しを継続していることを知って、大いに喜び心からほっとしています。アトランティスでの経験に対する古い問題と抵抗を、皆さんの一人ひとりが浄化するにつれて、私たち全員が「レムリアのハート」のより大きな新しい表現に向けて前進できます。

実際に、私たちは今、愛というこの高次の特質を認めそして受け入れて、みな一つになっています。今は、皆さんが愛というこの新しい特質を皆さんの次元の物理的な性質に持ち込むときです。いったんこれが起きれば、レムリアとアトランティスの兄弟愛の惑星の上に、私たちが一緒に出現することが全員にとっての現実となるでしょう。それどころか実は、私たちはずっと皆さんの次元に一緒にいたのですが、皆さんの周波数のせいで皆さんは私たちを知覚できませんでした。本当のところは、皆さん全員が自分の神聖な本質という高い波動の中へ出現していって、私たちの波動と再びつながるのです。その逆ではありません。

その時が来たら、私たちはお互いを現在の姿である真の家族として認識し、レムリア人やアトランティス人というラベルは消え去るでしょう。なぜなら私たちは今や「ひとつ」だからです。皆さんが国や地域に関して持っているラベルは消え去ります。そして私たちは再び合一と愛の中で一緒に生きることになります。

完全な出現が皆さんの次元で起きる前に、多くの出来事や変容が地上で展開するでしょう。現在の皆さんの世界には犠牲者はいません。日常生活で遭遇する状況はすべて、世界的なものでも個人的なものでも、あなたがそれらを創造してきたので、あなたの現実に招き入れられています。今あなたが直面する最大の挑戦は、すべての人にとっての最善と調和するように自分自身の欲求のバランスをとることです。それぞれの人が各瞬間に自分が持っている創造の力を完全に理解しなければなりません。

この惑星上における変容の恩恵は、高次の波動のエネルギーを通して完全に現実化しています。高次のエネルギーが連日増えて現実を変えはじめています。不参加の時代が終わり、皆さんの一人ひとりが大冒険に加わるように頼まれているところです。それぞれの人が過去の時代の自分の姿と、祝福と苦痛、喜びと悲しみを思い出すように呼ばれているところです。過去の経験のすべてには、それらの役割や知恵、宇宙的未来での使い途《みち》があります。

昔アトランティスにおいて、私たちは自己中心的な目的のために、入手可能なエネルギーを操ることを選びました。私たち全員がこの惑星上で学んできたことは、いま身を結ばなければなりません。皆さんは、この惑星上の自分自身の旅で進化の時に到達しています。ハートは、古い経験にも新しい経験にもすべて開いたままで、すべてを受け入れ続けなければなりません。しかしマインドは、宇宙の心《マインド》と協力して真実を認識しなければなりません。アトランティスは収拾がつかなくなりました。ハートと魂の、育み思いやるエネルギーから切り離されました。アトランティス文明のほとんどの人が真実を犠牲にして、知識と力の追求だけにしか関心を持たなくなりました。私たちは自分の神聖な本質や与えられた恩恵を敬いませんでした。

皆さんの現代社会は、これらとほとんど同じ問題に直面しています。現代の指導者は、ちょうど私たちが当時指導者に質問したように、彼らの行為と動機について問われています。そして皆さんが受け取っている答えはあなたの魂の音楽の琴線に触れるものではありません。指導者が語る言葉は、場合によっては正しく聞こえるかもしれません。また、表わされた感情は純粋に見えるかもしれません。しかし、皆さんがそれらをあなたの持つ唯一の計測器であるハートで調べると、幻想や偽装、不実を与えられていることが分かります。そして創造主がこの惑星のために「光の新しい時代」を宣言しているので、もはやこの幻想が効かないことをあなたは知っています。

皆さん全員が二元性とベールをつくってきました。皆さんは二元性を受け入れるようになりました。そして一生懸命にそのベールを取り除こうとしています。二元性やベールは、多くのことを学んで、驚異的な経験を集めることを助けるためにつくられてきました。ちょうどアトランティスの時代に私たちが幻想というベールをつくって、結果を考えずに創造と現実化のエネルギーで遊べると考えたように、皆さんは自分たちのエネルギー誤用の効果に目を眩《くら》ますものを置いてきました。

エネルギーに関しては、皆さんの生活様式を向上させる、現在の文明に使ってきたテクノロジーにだけ言及しているのではありません。母なる地球という皆さんの惑星の環境と、それぞれの人のDNA内の物理的構造に与えられている損害についてだけ言っているのではありません。マインドコントロールという手法としてマスメディアのすべてで行われている情報操作のことだけを話しているのではありません。

何よりもまず、私たちはこの惑星上の感情的なエネルギーの誤用について話しています。感情体はあなたの本当の生まれながらの権利であり大きな贈り物です。あなたはそれを日常的に否定することによって、それを使えなくしてきました。人類という進化中の存在として、あなたは他に類を見ない感情体の構造を与えられてきました。またそれほどではないにせよ、この惑星の動物や植物の生命もそうです。それなのにあなたはこの感情体が弱点だと、あなたの「アキレス腱」だと感じています。多くの人が感情体をたいてい取り除くべきものだと思っています。あなたはその効果を抑えて薄め、またはあなたへのメッセージをしずめなければいけないと感じています。

感情体の真の贈り物は一人ひとりが持つ能力です。それぞれの人は、多数の生涯で可能なかぎり幅広い多数のシナリオを経験して、経験という富を全体へ、神のからだにいる私たち全員へと持って帰る能力があります。不純物すなわち感情体の不合理性は、あなたが苦痛と恐れの中で経験してきたすべてのことを完全に表現するのを可能にしてきました。そしてそうすることで、それは今、スピリットだけが皆さんのようになれることを十分に伝えています。しかしこの概念は無視され、その後、忘れられました。私たちは感情がハートや魂の導管であったことを忘れて、マインドで感情を無視しようとしました。

皆さんは感情体を通して神の完全な力をもたらすために、現実の機会を与えられてきました。これらのエネルギーに、それぞれの人の持つ独自性を吹き込むことができます。皆さんはこの惑星の電磁気グリッドとクリスタル・グリッドの中で生涯を重ねて、感情的な色合いを発達させてきました。この独自性はその感情的な色合いから直接、生じたものです。

皆さんの感情は、無視あるいは抑制されるべきエネルギーではありません。それらは見捨てられるべき、あるいは疑われるべきエネルギーではありません。それらは本当に、そして全面的にあなた独自の炎の表現で、純粋に強く燃えるように養わなければならないものです。アトランティス時代になされた誤りは、私たちが間違った信念を持ったことです。それは、私たちが知的に人間より優れていると思われる状態になることによって、ハートから、そして私たちを人間らしくしていることすべてから逃れられるというものでした。これは現在、あなたの世界で政権を握っている大勢の人たちと同じように、私たちの最大の愚行でした。

この時期にこの惑星上で身体に住むことの最大の贈り物は、あなたが人間であるということです。

あなたは、スピリットの神聖な恩寵と可能性が物理的に現われたものです。あなたは神の意志を表現するための基礎となる礎です。日常的にこの真実を認識し、それを生きるときに得られる以上の喜びは存在しません。

皆さんはまた肉体とエーテル体との間や、肉体とスピリットとの間に存在するつながりを、感情体を通して表現しています。あなたが身体レベルで手を伸ばして別の存在に触れ、その時に感情的な基盤の中でつくられた波動を通してつながるたびに、驚異的な新しいやり方でそれらの領域を再び統合しています。あなたは以前には存在しなかった色やエネルギーを、つまり愛の新しい表現と味わいをつくっています。

私たちの間違いは、このようにしてつくるにはエネルギーの大きな仕組みや体系が必要だと思ったことです。私たちはお互いのつながりを忘れて、その代わりに誰が最大のエネルギー量を操作できるかを見るために競争しました。あたかもこの力が私たちを神の臨在についての理解に近づけるかのようでした。もちろん、それはできなかったし、行われませんでした。お互いのつながりだけがそうすることができたのです。

お互いの愛を通してのみ、私たちは内在する神に本当に触れて、そしてつながることができます。一人の人とすべての人との関係において、感情的な自分たちを総合的に完全に受容することによってのみ、私たちの魂を再び覗き込むことができます。レムリアの兄弟姉妹が私たちにこの真実を教えて理解させるには、多くの生涯が必要でした。私たちが古い理解と信念体系を解放しようと努めている間、彼らは一貫して私たちを愛で支え、指導しました。神聖な存在としての真の自己像の光輝く鏡を私たちに贈りました。その鏡はアトランティスとレムリアの時代には、私たちが完全に拒否して嘲笑していたものです。

今日、私たちはこれと同じ鏡、同じ愛と支援を皆さんに贈ります。私たちの方へ手を伸ばして、感情体を通じて私たちに触れてください。私たちはここにいます。生命の強さと情熱を感じてください。それらは、あなたが自分のすべてと再びつながり、そしてまわりのエネルギーのための通路と導管を再び確立するときに現われます。あなたの感情を通して手を伸ばして、あなたのまわりの世界に触れてください。野原の木や花、動物、小鳥の歌や庭の花、あなたの家の快適さを感じるようにしてください。最も深遠なやり方で、お互いのハートに手を伸ばして触れてください。

私たちは一緒に、新しいレムリアをつくっています。皆さんも一緒に、皆さんが今より高い次元へ出現する開始点をつくっています。私たちは皆さんを待っています。皆さんをこよなく愛し、いつも皆さんをハートの中で見守っています。

皆さんのアトランティスの家族から、皆さん全員に愛と友情を送っています！

物理的な生命という個体の状態が
あなたの次元でつくられてきたが、
光が欠けているわけではない。
私たちの次元より暗いのは、
私たちの次元より濃密だからではない。
あなたがそれへの愛を失ったからだ。

——アーナーマー

第8章　地球内部の都市マチュピチュ

クスコ、アダマを伴って

内なる光の都市マチュピチュの中心から、壮麗で立派な住居から、私たちはこの光の伝達を聞く人や読む人全員に心を込めて愛と感謝を送ります。実は、皆さんの多くは、はるか昔の私たちの友人や家族です！　ここで次元上昇した文明を代表して、私たちは皆さん全員に祝福を送ります。皆さんがとても熱心に神性の光を得ようとしているので、私たちは喜んで皆さんを私たちのエネルギーの中に歓迎します。

私の名前はクスコです。私は今、私たちの光の都市について皆さんに話すために、テロスの最愛の兄弟アダマと一緒にマチュピチュにいます。ペルーの都市にも私と同じ名前がついています。昔、私がこの地域の地上の住民に援助したことがあるので、私が人間の姿で現われたことを記念して私の名がつけられたからです。私はここの古代人の一人で、私たちの都市では年長者による会議の議長をしています。

今アダマといて、私のハートはとても心地よく感じています。私たちはすでに、味わうことになる喜びを予期しています。ですから、あなたがこのメッセージを本として読むとき、私たちはあなたの耳元で愛と友情の歌をささやきます。

ペルーのマチュピチュの郊外にある地域社会の地下約五キロメートルには、進化した文明が栄えていて、光の美しい都市があります。その光の都市もまたマチュピチュと呼ばれています。マチュピチュは、インカのケチュア語で文字通り「老いた峰」を意味する言葉です。私たちの都市は多くの点で、住民もまた五次元の意識を体現しているという意味でテロスに似ています。私たちはかなり長い間ここにいます。ちょうどテロスより二千年後に来たので、テロスがシャスタ山地下に存在するのとほぼ同じくらいの長さです。

似ているといっても、都市の歴史は違います。かつてレムリアの時代と重なる長い間、私たちは、光と真の兄弟愛からなる小さな共同体をいくつか形成して、地上に住んでいました。現在、地上のマチュピチュが存在している地域です。私たちはずっと地下に住んでいたわけではありません。しかし、やがて大洪水とアトランティスとレムリア両大陸の崩壊後に、私たちが享受していた平和と美しさが最終的に危険に晒《さら》されることが明らかになりました。

地上に再びネガティブな性質が現われはじめ、以前より暗くなり暴力も増えるにつれて、私たちも以前にテロスの人たちがしたように、地球内部に都市を再現せざるをえなくなりました。いつか高次元に次元上昇するインカ文明の人たちの光の住居を準備するために、私たちも光の都市をつくりたいと望んだのです。

私たちは文化と宝物のすべてを地下に保存しようと綿密に準備しました。やがて人類のネガティブな性質の危険に晒されることが分かったからです。私たちより数千年前に、レムリア人がレムリアの文化と最も大切な宝物を保存するために地下に都市テロスをつくったように、私たちも同じことに取り掛かりました。皆さんの多くは、ほぼ「一晩」でインカが丸ごと地上から消えたときに、彼らがどこに消えたのかといまだに疑問に思っています。ですから今、全住民がマチュピチュの光の内なる都市に移ったことを皆さんにお伝えします。

彼らの多くは旅をしたのではありません。彼らは聖なる谷への秘密の通路を抜けて、私たちの山の内部に来ました。そこは彼らが住んでいたところからそれほど遠くはありません。

地球の文明はさまざまな銀河や星、惑星系から来ています。それにもかかわらず、ほとんどの人はこの惑星上の転生で、幅広い可能性を経験することを選んできました。そして、地球が進化する長期間にわたって地球を飾ってきた主要な文明のすべてに、皆さんはそれぞれ何度か転生しています。

言い換えるなら、たとえ皆さんがどこから来たとしても、どの惑星、星、宇宙の出身であっても、転生のある時点で皆さん全員がレムリア人として、またアトランティス人、マヤ人、インカ人、エジプト人やその他の文明人として生きた経験があります。それが今、何になるというのでしょう？　私たちの領域においては、自分であることを証明するために、それらのラベルはもはや必要ないことを知ってください。私たちは創造主の一なるものの中で生きて繁栄しています。、すべての人は究極的に考えれば創造主のハートから来ていて、そしてすべての宇宙、銀河、惑星系の至るところに、自分自身の刻印や分身を残してきています。

オレリア――今、あなたの都市には誰が住んでいるのですか？

クスコ――はじめの頃は、主に次元上昇したインカ文明の人たちが住んでいました。やがてレムリア人とアトランティス人の科学者が私たちに加わり、それから少しずつ、レムリア人とアトランティス人がさらに増えました。いま私たちの都市には、それ以外から来た人たちもいますが、主にその三つの文明の人たちが住んでいます。私たちに加わる人たちが増えてきたので、住民の数ははじめの頃よりだいぶ多くなりました。オレリア、あなたの友人や昔の家族が何人かここで暮らしています。あなたの家族はテロスだけではなく、いくつかの内部の都市にも住んでいます。

私たちは一なるものの中で、つまり完全な調和と真の兄弟愛の精神でみな一緒に生きています。いったん次元上昇したら、一箇所だけに住むとは限りません。あちこち移動して多くの場所に住む経験をする自由があります。しばらくここに住んでから立ち去る人もいれば、ここに長くとどまる人もいます。

私たちの生活様式はテロスのやり方によく似ていると言えます。私たちの創造のプロセスはテロスのやり方と同じで思考に基づいています。すべての都市にはそれ自体の特徴がありますが、次元上昇した文化はすべて同じ宇宙的原則に基づいて暮らしているので、都市によって生活様式はそれほど違いません。

私たちの都市の人口は今、百万人を少し超えたところです。テロスとの違いは、内なるマチュピチュの共同体が三つの文化の混合からなっていることです。一方、テロスはレムリア文化が主体です。テロス市民の多くはとても長い間、レムリア文化の中で同じ体で生きるか転生しているので、ほとんどレムリア人種の生みの親と考えてもよいでしょう。アダマはそのような存在であり、アーナーマーも他の多くの者もそうです。

皆さんがよくご存じのように、数百年前にスペイン人の征服者が南アメリカからやって来て、当時そこに存在していた美しく優雅な文化のほとんどを冷酷に破壊しました。彼らは両手に抱えられる限りの金の獲得に貪欲で、何も、また誰も尊重しませんでした。その頃、地上のマチュピチュで暮らしていたインカ共同体はとても平和で栄えていました。スペイン人による虐殺と破壊が始まったとき、私たちは住民を私たちの都市に加わるよう勧め、それでそれ以降、住民は姿を消しました。彼らは地上を立ち退き、彼らの宝物を持って内部へ移りました。彼らは今でもここで生きていて繁栄しています。

私たちの都市において、私たちは四次元の上位と五次元のレベルの存在です。テロスと同じように、そこには多くのレベルと次元が存在する、と言うことができます。あなたが理解しているような物理性を持っているレベルや次元もありますし、純粋なエーテルのレベルもあります。私たちはテロスを四次元の上位の意識を持っているレベルからずっと上まで、十次元や十二次元まで段階を分けることができます。

オレリア――皆さんの仕事とその主な目的は何ですか？

クスコ――実は、私たちは「熱帯雨林」の保存に大きく関わっています。それはこの惑星の生命と繁栄にとって非常に大切なことです。地上の住民の貪欲さと、地球への尊敬と尊重の欠如のために、私たちの干渉がなければ、この時期に生き残れる人は一人もいないでしょう。私たちはできるかぎり破壊を食い止めようとしています。私たちは誰も高次元から皆さんの次元に直接干渉することをまだ許されていませんが、自分たちにできる最善のことをしています。

私たちは平和と調和を促進しています。また惑星のために自然とともに働いています。自然界を理解することにとても熟達してきたので、適切な時が来たら、この惑星の原初の美しさと完全さを回復するのを手伝うつもりです。私たちは単独で行うのではなく、より大きなチームに加わります。数年後に私たちが皆さんの間に出現するときに、私たちが学んできたことを皆さんに教えられることはたいへん嬉しく思います。

それまでの間に、もし皆さんがいわゆる「五次元の園芸の才」を発展させたいのであれば、すべての人を私たちの夜の教室に正式に招待します。地上の知識から失われてしまった自然の驚異的な秘密もたくさん教えることができます。いずれ時が来れば、皆さんは、私たちがここに創造してきた自然の美しさと完全さを皆さんのまわりにつくるために、この新しい知識のすべてを楽々と優雅に、日常生活に適用して大喜びするでしょう。テロスの人たちもこの知識を獲得して、彼らのまわりに大いに美しさを創造してきました。

私たちの都市から行っている仕事が、もう一つあります。それは色に関することです。なぜなら、皆さんの世界ではひどい公害があって、大気中にほとんど酸素が残らないからです。もし毎日、何百万もの天使と次元上昇した存在が酸素を補充し、空気を浄化しなければ、皆さんの次元にいる生物はもはやほとんどの場所で存在できないでしょう。

私たちが集合的に行うのは、皆さんが夜眠っているとき、地上の大気中に、特定の緑色の光の周波数からなる巨大な光線を送って空気を浄化し、地球の大気を補充して修復することです。これがなければ、地上の死者の数は日増しに世界中で千倍に増えるでしょう。まったく同じではありませんが、私たちと似たような仕事をしているチームが数多く存在します。他の光の都市の存在によるチームです。非常に多くの存在が、まもなく来る「大浄化」の日まで地球の円滑な機能と人類の存続を援助することによって、皆さんの快適な暮らしに貢献しています。この十年が終わるまでに、またもう少し先までに、それがすぐに現われはじめることを期待してください。

オレリア――皆さんのところにはトンネルがありますか？

クスコ――もちろん、全方向に向かうトンネルがあって、南アメリカ中とその先に続いています。またテロスへの直通トンネルもあります。実は、アダマのような存在はテロスとマチュピチュ間を、皆さんの時間で言うと二分以内で行き来できます。ちなみに、地下のトンネルが地球《テラ》中を網状に張り巡らされています。

私たちはまた、赤道の内なる都市ケツァルコトルとも、とても密接な関係があります。この都市には古代のインカとアステカの文化にいた人びとが住んでいます。彼らは私たちとほぼ同じように暮らしていて、私たちは彼らと心温まる交流をしています。基本的に、私たちは同じ起源を持ち、同じ文化の出身なので、過去にはよく助け合ってきました。この二つの都市の間には直通トンネルがあります。

オレリア――指導者はいるのですか？

クスコ――ええ、指導体制はありますが、あなたが思っているような実在の指導者はいません。私たちは自分たちを統治することを学んできました。かなり昔にそのような霊的成熟度に達しました。もちろんすべての都市にあるような高等評議会はありますが、それは都市の運営委員会です。人びとが十分な進化度に達したときに、あなたの魂と生命を統治するのはあなたの神聖な存在です。

オレリア――皆さんの家はどのようなものですか？

クスコ――私たちの大部分は、マインドでつくったクリスタル素材からなるピラミッド型の家に住んでいます。公共の建物と教えの場所の多くは円形で、それらもまたさまざまな質感と色のクリスタルからできています。私たちの創造性はかなり広がっているので、とても美しい都市になっています。

テロスでは、むしろその逆です。彼らは円形の家に暮らし、公共の建物と集会所の大部分はピラミッド型で、いつも優雅な想像力から生まれています。

オレリア、今日は出版される本を通して、大勢の真実の探究者に私たちのことを再び述べる機会を与えてくれて、どうもありがとう。私たちは愛と感謝と調和の炎で皆さんを祝福します。

オレリア――どういたしまして。私はまたアトランティスに関して許すこともあったので、あなたの領域からこのメッセージをもたらすことで完全に許したことを示します。

あなたは物理的な転生から去って
別の領域へ次元上昇することを求めている。
そこへ行けば物理的な性質の労苦が
あなたを悩ますことはないだろう。
それでも私たちは絶対の確信をもって言う。
あなたが超越しなければならないことは、
あなたが愛するのをやめてしまった
肉体の中にあるように感じている
分離だけである。

――アーナーマー

第9章

惑星のクリスタル・グリッドの効果と使用法

アダマ

クリスタル・グリッド（訳注3＝格子）は、クリスタルの生命の流れとしても知られるもので、本質的に二つの要素を持っています。一つは物理的、もう一つはエーテル的です。グリッド本来の使用法は、（物質界における）エネルギーの増幅と（エーテル界における）情報の貯蔵と転送です。グリッドは人間の意識が地球の低次元で十分な知覚力を利用して楽しむための直接の導管です。人間の意識、つまりマインドの流れは、実は第三のグリッドです。それは惑星地球が次元上昇する間に、調節されるでしょう。

クリスタル・グリッドは常に、惑星地球の内部と周囲のしかるべきところにありました。皆さんが最近経験してきたのは、この惑星とあなた自身の両方のＤＮＡにおけるこのグリッドの効果の拡大です。これは、クリスタル・グリッドのエネルギーがより高次の、より純粋な波動に次元上昇していることに直接起因しています。あなたが現在、アセンションの過程にあるクリスタル・グリッドと相互作用しているときに経験することは、この惑星自身が経験していることです。惑星の一連の過程との相互作用によって、あなたの肉体もまた再構築されはじめています。あなた自身のクリスタル構造が、ＤＮＡの調節によって次元上昇しはじめています。最愛の皆さん、このようなことは、あなたが毎日ハートのエネルギーを通して愛と光の保有率を増加し維持するときに起こります。

なぜ、このようなことが起きているのでしょうか？　その理由は、人類と地球が存在のかなり高い水準へ進むときだからです。また、あなたが自分の大いなる自己のレベルからそれを選んだからです。皆さんは、分離はもう十分だという結論に達して、自分自身の内部と惑星上で変化を生み出すために、必要な援助を要請してきました。長い間いた濃密なエネルギーから出たいという皆さん全員の意欲と要望が、地球の年でこの二十年間を通じて計測されたので、グリッドは皆さんの役に立つように再調整されてきました。最初にマグネティック・グリッドというこの惑星の地磁気の生命の流れが調整されました。これによって、エーテル界とのつながりがより強化され、二元性と幻想のベールがかなり薄くなりました。

その次にクリスタル・グリッドが高い波動に上げられ、多くの人がこれらのエネルギーともっと積極的に携わるようにという呼びかけを聞きました。皆さん全員が、気づいていようといまいと、このグリッドの波動の移行を経験しはじめています。あなた自身の波動は、このグリッドの波動の速さに応じてその速さを調整しています。そのため、今この惑星は全体として見ると、完全にアセンションの最中にあります。

もっと意識してこのグリッドと相互作用するためには、その使用法についてもっと十分に理解しなければなりません。あなたは適切なときにのみ、そして全体の善のためにのみ、このグリッドを利用することをハートの中で約束しなければなりません。過去の時代には、アトランティス時代に見られるように、このグリッドが堕落した目的のために利用されることが多くありました。学んだ教訓と得られた経験は疑いようもなく価値あるものでしたが、あなたがこれを完全に理解する道程にはまだ先があります。このようなことが再び起きてはいけないことを知ってください。試みる恐れがある人には、反転するエネルギーが即座に当人に返ってきて、その人自身が持つ闇の予定表のカルマ的な結果に直面するでしょう。

アトランティスとレムリアの両方が崩壊してから、非常に長い間、エーテル的なクリスタル・グリッドはこの惑星の大気圏からかなり遠くへ離されていました。この措置が取られたのは、グリッドをさらなる誤用とその基盤の破損から保護するためでした。この惑星と人類は、とても長い間グリッドのエーテル的な直接の影響なしに生きなくてはならなかったため、皆さんが霊的才能と呼ぶ生まれつきの霊的能力が著しく減少しました。そのために、昔楽しんでいた能力を一〇〇パーセントとすると、皆さんは完全な潜在能力の五パーセントから一〇パーセントで生きることになりました。それ以下の場合も多く見られます。いま皆さんはその能力を再び自分のものと主張しはじめ、また熱望しています。このような措置の行動方針がとられたのは、アトランティスの過ちが再び繰り返されそうだと神の心《マインド》の中で認識され、そして霊的な管理階層にも伝えられたからです。もし許されるなら、似たような筋書きを再びつくりたいと強く望む人たちが今もこの時期に肉体を持って存在していることを、きっとあなたは知っていると思います。幸いにも、いま彼らは以前より少人数です。その上、彼らはもうすぐ変容して神性を受け入れなければならなくなるか、あるいは他のどこかで彼らの進化を続けるために出ていかねばならないでしょう。

私たちは当時、その崩壊について理解していませんでした。私たちは起こった理由とそこから得た叡智を完全に理解し経験する必要がありました。私たちはアトランティスの出来事に関して、誰かの責任にすることも罰することも望みませんでした。実際、そこに住んでいたすべての人が、大実験の一部として進んでそうしました。スピリットのあらゆる面についての理解を深めるという点で、私たちは彼らが果たした役割を称えます。しかしエネルギーの過度の誤用はこの惑星「自身」の生命を脅かし、創造主にその文明の進化を時期尚早に終わらせることを余儀なくさせました。それらの教訓は完成に至ることを許されませんでした。

アトランティスの崩壊のあとで、私たちはエーテル的なクリスタル・グリッドを遠ざけました。この断絶が新しい人間の学びや、その後まもなく展開した歴史上の出来事の温床となりました。多くの経験が選択され、つくられ、学ばれました。このグリッドがより純粋な大気圏にあったなら、それらは決して起こらなかったでしょう。私たちはようやくアトランティスの崩壊と、自由意志による人間としての経験や表現の全体性を理解するようになりました。現在は、前回ほど暴力的でも激変的でもないでしょうが、世界が再び自己破壊する態勢であることが分かります。今回の筋書きは、組織がそれ自身を浸食する自己免疫疾患をもっと遅く痛くしたようなものです。

そういうわけで、皆さんと私たちの両方の領域で、私たち全員がいま再びこのグリッドに関わっています。私たちは皆、レムリアのハートが最終的に再び開くことになるプロセスと関係しています。神からの断絶についての学びはすべての角度から学ばれ、学び直され、探究され、分析されてきました。私たちはそこから得られる知識をすべて集めてきたので、もう前へ進むときです。

記録された歴史や芸術の至るところで、創造は形に点火する神聖な閃光として表現されてきました。この表象は美しく力強く描写され、神の完全な威光と恩寵をとらえています。それは、見る人たちの中に感情の純粋さを吹き込みますが、現実化の最大の特性は閃きだけではありません。物理的世界で創造するには必ず結晶化という物理的な過程があります。

クリスタルと、物理的なクリスタルの形成過程は、神の高次と低次の両方の面を統合します。それはその始まりの瞬間における、神と地球にある四大要素との融合を示しています。それはまた、各クリスタルが特定のエネルギーと経験の貯蔵庫であるように、情報をダウンロードすることも意味しています。

皆さんの多くは純粋なクリスタルの姿で一回か数回の生涯を送ったことがあります。そのあとで、あなたのあとに来る人たちの向上と教育のために、あなたの偉大なる自己のさまざまな面を他のクリスタルに吹き込みました。また、あなた自身があとでクリスタルという導管を通して再び一つになれるように、あなた自身の面もクリスタルに吹き込みました。

クリスタルの内部に存在しているスピリットは、あなた自身ほど活動的には見えないかもしれません。しかし人間の姿をしている意欲的なスピリットによって直接活性化されるときには、実はそれ以上でないとしても、同じくらい発展性があります。クリスタルにおける波動の見かけ上の遅さは、実のところは長期にわたる忍耐強い奉仕の機能です。多くの場合、これらのスピリットは何百万年も一つの物理的な場所に埋め込まれる形で、その機能を果たします。私たちは彼らが進んで配置にとどまることから大きな恩恵を受けています。彼らは、より大きなクリスタルの母体に自らを再び解放する時が来るまで、彼らのエネルギーを固定しています。

エーテル的なクリスタル・グリッドがこの惑星に役立つように再び近くへ移されたので、その時グリッドが、物理的なクリスタル形態に宿る私たちのエネルギーの守護者全員を目覚めさせて、再び統合しました。また以前のように、この惑星の物理的なクリスタル・グリッドが神の意志によって活性化されました。この物理的なグリッドを通して、地球自身の完全なアセンションのプロセスが始まりました。そのプロセスは惑星の波動が次元を移行し、彼女の神聖な本質の高次の面と再び一つになるまで続くでしょう。そして人間の意識はより大きな新しい気づきのレベルに到達するでしょう。

地球とともにこの旅をしてきた皆さんはこの時、自分の高次の面を再び体現しはじめ、私たちと再び統合するでしょう。実は、私たちは皆さんの高次の面なのです。実際に、多くのクリスタルが現在、高次の奉仕の形態へと次元上昇しはじめています。

このような新しい気づきは高次の情報と理解によって発展するでしょう。クリスタルは頼まれれば、ほんとうに快く高次の情報と理解を皆さんに伝えます。しかし最大の気づきは、ハートを開くことからやって来ます。なぜならハートに魂が宿っているからです。また最大の気づきは、魂が集めてきた経験を判断しないことからもやって来るでしょう。それはトラウマを喜びと比較することでも、奉仕を利益と比較することでもありません。それはただ自分のあらゆる面を価値あるものとして、また全体に必要なものとして受け入れるだけです。

魂はこの惑星上で、人間の姿で、体験したいことについての最高の表現を、物理的そしてエーテル的な両方のクリスタル・グリッドの鏡の中に見出します。なぜなら、これもグリッドの重要な面だからです。それはすべてのエネルギーを一つの流れに統合し、それを構成するすべての生命力を増幅します。それはすべての考えやハートのエネルギーをつなぎます。あなたがそれに接するとき、「クリスタル・チルドレン(訳注9)」がしているように、あなたは瞬時に大きな全体の一部となります。

グリッドを通して、あなたはグリッドにつながっている全員のハートやマインドに届きます。あなたは発せられたすべての質問の答えを受け取ることができます。あなたが始めたい努力や奉仕に必要な癒しや現実化のエネルギーも受け取れます。あなたは真我と、なおその上に他の人たちの高次の面にも接触します。そしてあなたの領域と他のすべての領域の両方で、あなたの神聖な本質を増幅させます。

このグリッドを適切に使うことは最も重要なので、使用するための適切な意図は必須です。私たちは、両方のグリッドに接続する適切な方法で、皆さんの一人ひとりと個人的にワークするためにここにいます。私たちはこのための一般的な技法を皆さんに与えることはできません。それぞれの人はこのグリッドの中で独自の位置を占めているので、一つの方法が全員にうまくいくことも、また最大の気づきを促進することもないでしょう。皆さんの多くは、以前にこのグリッドと関わったことがあるので、自然にそうなることが分か

(訳注9) クリスタル・チルドレン＝クォーツクリスタルのプリズムのような色合いのオーラを持つ子どもたち。一九九五年頃から生まれていて、極めて愛情深く、テレパシー能力に優れているなどの特徴がある。

るでしょう。その他の人たちは個々の物理的なクリスタルを使ってつながりはじめるのが、よりやさしいことを発見するでしょう。それらのクリスタルは、今すでに皆さんの家や近くの環境であなたに発見されるのを待っています。

皆さんの一人ひとりは今、ＤＮＡをより純粋なクリスタル形態に再構築することを経験しはじめています。皆さんは肉体的、感情的、精神的な移行と再調整を経験しています。これらは皆さんの体にとって、へんな感じや苦痛、不快として感じられるかもしれません。このようなことはすべて移行に対するあなたの抵抗にすぎません。すべての移行はあなたの最高善で、あなたのためになると意図を設定してください。そうすれば、あなたは多くの抵抗を取り除けます。そして過去のトラウマの癒しや毒性のエネルギーの解放において、積極的にクリスタルと触れ合ってください。

クリスタルを通じて、あるいは単にマインドだけで、私たちとつながって、クリスタル・グリッドに関する指示を仰いでください。それからクリスタル・グリッドそのものにつながって指示を求めてください。皆さんの一人ひとりがこの新しい気づきの一片を持っているので、あなたが発見したことを他の人と分かち合ってください。

私たちは皆さんを祝福し、愛し、いつも心にとめています。あなたの意識の中で私たちを探してください。なぜなら「**私たちもまた、あなたである**」からです。

いったんあなたが意識を
不滅の状態まで進化させたら、
それがただ、いとも簡単に
起こることが分かるだろう。
年をとっていくことが
あなたをただ、より賢く、
より成熟させ、より強く
するだけだと分かるだろう

――アダマ

第10章 永遠の若さと不滅の泉

アダマ

オレリア――アダマ、永遠の若さと不滅の泉について私たちに教えてください。それは私たちの考えや意図によってつくられるということですか？

アダマ――もちろんそうですが、これはほんの一面にすぎません。もし本当にこのレベルの完全性と意識のこの状態に到達したければ、ハートとマインドと魂のすべてでそれを望まなければなりません。これが**第一の秘訣**です。また目標に達するまでは毎日二十四時間、あなたの霊的な機能をすべて働かせながら、そのレベルの完全性に到達するという意図も送り出し、更新もしなければなりません。志を変えないことが**第二の秘訣**です。やろうとしたりやめようとしたりして結果が出たことはありません。その状態に達するために必要なことをするという意図と意欲を絶対に変えずに維持することは、いくら強調してもしすぎることはありません。

皆さんが探し求めている若さと若返りの泉は、いつもあなたの内側にあります。

それはそこで、あなたが目覚めて気づくのを待っています。それを見つける鍵が秘密だったことはありません。それどころか、あなたは最初から知っていたのに鍵を無視してきました。とても長い間、皆さんは内側よりも外側の情報源をあちこち探すことに興味を抱いてきました。本当の霊的変容の代わりに応急処置的な解決策を用いようとしてきたのです。これが**第三の秘訣**です。では、皆さんに尋ねます。これらの外側からの情報は全員に効果がありましたか？　あなたの社会で老化や病、死をなくすことに成功しましたか？　それとも、養護施設や病院、薬局をさらに多く建てていますか？

今日まで、変容の鍵が完全なＤＮＡの変容と不老不死をもたらすほど、進んで変容の鍵を利用しようとしてきた人は、地上には滅多にいませんでした。ただし、何千年もの年月の間に数人の例外はあります。**ＤＮＡは若さと無限の活力の泉へのもう一つの鍵です。これが第四の秘訣です。**あなたのＤＮＡは、あなたが意識を進化させて愛の保有率を増やす速さで進化します。あなたの身体は意識の鏡です。身体は進化するにつれて、あなたが達成する新しい意識を反映しはじめるでしょう。若さの泉はいつもあなたの内側にありましたが、あなたはＤＮＡを活性化させるためには意識を進化させなければなりません。

あなたの考えや言葉、感情が第五の秘訣についての話題になります。あなたは各瞬間に自分の内側でどんな質の対話を楽しんでいますか？　それは、あなたが達成したいことを反映していますか？　あなたが毎日数分の確言を唱えたあと、その日一日中どんな考えがあなたのマインドを占めていますか？　あなたは、今という各瞬間で自分や他人に話しかける考えや感情や言葉をうまく監視していますか？　自分自身や自分の身体についてどう感じていますか？

いったんあなたが意識を不滅の状態にまで進化させたら、あなたは若返りがいとも簡単に起こることが分かるでしょう。あなたが年をとっていくことがあなたをより賢く、より成熟させ、より強くするだけだと分かるでしょう。そのとおりです。私たちは相当な年齢になりました。私たちはマスターとして、恩寵と高貴さと威厳を伴って年をとります。これもまた、このレベルまで熟達することの運命です。あなたが知るかぎりの手段を使って、あなたの肉体の優れた能力と敏捷性と強さを維持してください。あなたが維持すればするほど、常にそうできることに気がつくでしょう。年齢や人びとが言うことであなたを限定してはいけません。あなたは忘れていますが、あなたは無限の存在です。

あなたが探し求めている若さの泉は、行動の状態というよりむしろ存在の状態です。

この驚異的な泉を活性化するためには、あなたはまずそれと一体化し、それからそれにならなければなりません。これが**第六の秘訣**です。これもまたとても重要なものです。若さの真の泉は純粋な光の泉で、五次元の道具です。自分の内側でそれを活性化するためには、あなたは肉体の全細胞と、同時に他の体のすべてと、より微細な体の中でも光を増やさなければなりません。人間のネガティブな感情でできている感情体を浄化しなければなりません。そして自分の考えを監視して、マスターのように考え、行動しはじめなければなりません。もし与えられた情況でマスターがどう考えるかよく分からなければ、瞑想に入ってそのことを質問してください。マスターならどうするか、マスターならこれをどう見るか、マスターならどのような行動をとるか、テロスの兄弟姉妹のような神聖な表現のマスターになるのはどんな気分だろうか？　あなたのハートはこのすべての答えを知っていて、いつも答えを持っています。あなたはただハートに尋ねて、再びその叡智に耳を傾けるだけでいいのです。

あなたの体を「魔法の形態」として考えはじめてください。それらの体をとても万能なマシンと見なしてください。そのマシンは、あなたが体に望むすべてのことが痛みも制限もなくできるものとして、かつてつくられたものです。いつその意識レベルを達成するとしても、体はほとんど光の速さでこの宇宙のどこかへ瞬間移動することさえできます。これまで自分の体に関して持っていた知覚を変えて、これらの乗り物に授けられている肉体の潜在能力の利用方法を十分に学ぶことは、あなたの責任です。

あなたの新しい真実を生き始めてください。そうすればあなたが探し求めている結果がついてくるでしょう。それ以外はありえません。これが**第七の秘訣**です。この点に関して、若さの泉は現実的です。それはあなた自身のマインドとハートにあります。若い外見を維持することがどんなに簡単か発見するとき、あなたは驚いて大喜びするでしょう。

第11章　税制についての所見

アダマ

オレリア――アダマ、この惑星の神の子どもたちとして、支配的な税制に私たちが従うことは霊的に妥当で理にかなうことなのでしょうか？　私たちの腐敗した税制をどう認識しますか？

アダマ――確かに私たちには税制というものはないし、そのようなことに従うつもりもありません。光明を得た政府は、その住民に課税する必要がありません。皆さんの税制は完全に操作的な三次元の創造物で、霊的に不健全です。それは指導力と管理についての理解が原始的であることを示しています。

私たちはこの点において皆さんの自治への欲求と無税という神聖な権利に気がついています。皆さんは、とても愛情ある裕福な父なる神、すなわち源のエネルギーの最愛の子どもたちです。創造主は皆さんに税を課していません。ですから、他のいかなる者も創造主と同じようにするべきです。皆さんが嫌いな、あるいは同意しない他の多くの社会的なことのように、それは単に皆さんが許しているから存在しているだけのことです。皆さんは統治権を有する自分たちの力と権利を放棄してきました。皆さんが集団として、自分たちの力を取り戻すまで税制は続くでしょう。

今から五年から十年以内に、うまくいけばもう少し早く、皆さんがおそらく永遠に無税になることを確信してください。この惑星上で日増しに光が明るく輝くにつれて、税制もまた進化し、やがて完全に廃止されるでしょう。五次元には税制は存在しません。ですから、もし多くの人がここに来ることを選んでいるのなら、ベールの私たちの側では隅から隅までどこを探しても、税の徴収者が一人も見つからないでしょう。税の徴収者たちは何が起こったのだろうかと思いながら、依然として皆、三次元で集まるでしょう！

私たちの社会は自由と責任を伴います。一人ひとり全員が、等しく繁栄する賢い経済社会に責任を負っています。私たちが必要とするものや使うもののすべては、「公正な交換」をつくるようにうまく設計された「物々交換制度」によって交換されます。私たちはこの方法で、何でも欲しいものを自由に手に入れて交換できます。そのうえ絶対に誰も損をしません。このことが私たちにこの交換制度での大きな自由を与えて、交換を面白くしています。誰もが他のものを犠牲にすることなく、必要なことを何でも大いに楽しみます。

私たちは何にもまして自由を評価しています。課税制度を存在させようとは決して思いません。それを認めれば、それは私たちから豊かさや自由、幸せの追求という否定できない権利を奪うことになるでしょう。地上の政府は税を払わなければならないという信念をあなたたちに組み込んできましたが、これはかなり間違った概念です。あなたたちに課せられているのは所得税だけではありません。税の名前を二、三挙げると、消費税、固定資産税、事業活動税などがあります。まるで食べることや体を育むことが贅沢であるかのように食べものにも課税され、まだその他にも、税の種類が何百も細かく価格の中に隠されたり含まれたりしています。しかし、それらはいくら隠されていても税なので、皆さんの負担を増やしています。

地上の暮らしにおいて、このような管理は皆さんの現実と重荷の一部となるように計画されたのではありません。それならなぜ、それをそんなに恐れて無頓着に許しているのですか？　それならなぜ、そのように各方面で圧制を加えさせている指導者たちを選出しているのですか？　そしてなぜ、大多数の人の暮らしに必要なわずかな稼ぎを分け合うのが普通のやり方で、人生のあらゆる面でそれほど多額の税を支払わねばならないと今でも考えているのですか？

財政的に機能するために住民に重い課税を強いるどんな政府や指導部も、貧しい政権の徴候を確実に示しています。もう少し光明と誠実さがあれば、皆さんの政府はとてもうまく機能し、統治する住民に税を課すことなく大きな富を持てるでしょうに。他の惑星の市民は政府によって課税される必要がなく、政府の統治も含めて、何かが不足する者は一人もいません。

オレリア――でもアダマ、これをどうやって行うのですか？　税を払うのを拒む人は刑務所に行き、際限なく困って、乗り物を取り上げられます。その上、家や土地を没収されることもしょっちゅうです。

アダマ――分かっています。私たちはこのことについてよく承知しています。これは、あなたの国と世界のその他すべての場所を次第に変えるということです。ですから私たちはこの時期にあなたが事を荒立てたり、税を払うのを拒否したりすることを勧めません。もし今あなたがそうしたら、傷つく人があまりにも多すぎるでしょう。あなたは今生で挑戦することを十分に持っているので、私たちはあなたがこれ以上、苦しむところを見たいとは思いません。光明あるやり方で円滑に変えるために無税になるという概念は、最初にあなたの意識の中で、それから大多数の人たちの意識の中で進化しなければなりません。

一つの国の住民の大多数、たとえば七〇パーセントから八〇パーセントくらいが統治権を有する存在として、自分たちのために新しい真実を受け入れて、そしてもはや課税におとなしく従うのが自分たちの真実ではないとハートの中で真剣に自分に力を与える選択をして、全員が統治権を有する存在として新しい真実を施行するため創造主に援助を求めて呼び掛けるときに、それが起こり、しかもあまり長くかからないことを確信してください。しかし集団として、まずハートからそれを選んで、犠牲者意識を手放さなければなりません。これは必要条件です。皆さんの統治権は、まず自分の内から生じなければならないことをハート全体で知ってください。神聖な存在として、とても愛情ある父なる/母なる神の子どもたちとして、皆さんはこの惑星とこの宇宙の恩恵にあずかる十分な権利があることを完全に理解して知っていてください。それは限られた少数の人だけのものではありません。

皆さんの社会には、もっと光明を得る政府形態を、近い将来につくる目的で転生してきた人たちが存在しています。彼らはいま成功するのに十分な人数になって、もうすぐ彼らの位置を占められるほどまで成熟してきました。彼らはまさしくそれを行うために転生の合間で訓練を受けてきたので、それらのポジティブな変化を円滑に実施する方法をすでに知っています。彼らは新しい政府形態を実施するための指導力を熟知しています。その政府はすべての人の利益のために働くでしょう。個人的な予定表の代わりに集団の利益のために統治する組織が動くとき、すべての人が豊かになり、人生を楽しむのに必要なすべてのものを持ちます。持たずにすまさなければならない者は一人もいません。愛しい子どもたちよ、まもなく、もはや持つ者と持たざる者はいなくなるでしょう。すべての人が生きるために十分に持って、政府のすべてのレベルも含めてうまく機能するでしょう。

もう少し辛抱して、あなたの意識を進化しつづけ、刷り込まれてきた多くの間違った信念体系を手放してください。政府の新しい形態を実施するために転生してきた人たちは、ほとんどの人が最初に自分のハートと意識の中で十分に変化するまで、適切な位置を占めることができないでしょう。創造主のハートから、そしてあなた自身のハートの愛と思いやりから、それを当然の権利として主張し、それらの変化を要求するのは大切なことです。また、皆さん全員がそうなるまで、これをやり続けることも大切なことです。

決める力を持つのは常に集団であることを忘れないようにしてください。政府はただ統治している住民の集合意識の総計を反映しているにすぎません。政府は鏡です。友よ、ただの鏡ですよ！　皆さん全員が、最初に変化しなければなりません。そうすればどんなに円滑に政府が進化し変化するか分かるでしょう。ハートの火から先頭に立って進むのは、皆さん全員の責任です。

オレリア――でもアダマ、人口の八〇パーセントとは多いです。だって、すべての人があなたの言うところまで意識を進化させるには永遠にかかりますよ。

アダマ――あなたが考えるほど長くはありません。私は以前にそう述べたし、他の多くのマスターたちもそう述べてきました。もうすぐ惑星上では、人類の目を覚まして意識を加速させるのに役立つ出来事が起こるでしょう。これらの出来事はもう差し迫っています。人びとは自発的に変化するか、あるいは転生から去らねばなりません。政府が惑星とその住民を不当に扱うことには、もはや耐えられないでしょう。これは母なる地球が今、彼女の体上で進化のために選んできたことなので、それは実施されるでしょう。ここに転生している人たちの中に、それを止める力を持つグループはありません。きちんとやらないなら出ていくように、という警告を少し前に与えましたが、それは今、以前にも増して妥当です。

愛する人たちよ、あなたは一人ではありません。なぜなら今、この惑星であなたは宇宙の至るところから以前より多く支援されているからです。この時期にここで与えられているほど大量に支援を受けたことのある惑星は一つもありません。元気を出しなさい。皆さんの解放はすぐ間近です。もし、この惑星を援助するためにどんなに多くの努力が注がれているか、そして皆さんの一人ひとりがどんなに心から愛されているかに気づきさえしたなら、あなたの痛みはすべて瞬時に喜びの永遠の泉の中に溶けてしまうでしょう。私たちは皆さん全員をたいへん愛しています。どうかもう少し頑張って！　私は常にあなたとともにいます。

「闇の力」を演じる存在は
勢いをつけることの原則を
とてもよく理解している。
闇の勢いをつけるとき、
光の勢いをつけてきた
光の人びとよりも
はるかに注意を怠らない。

——マスター・聖ジャーメイン

第Ⅲ部

聖なる炎と神殿

許しの周波数は
ハートの周波数でできている。
ハートに接続することで
この贈り物をマインドと体に
知らせることができる。
この生涯だけでなく
すべての生涯にわたって。

——アダマ

第12章　曜日と神の七つの炎

アダマ

今回は、主要な七つの光線・炎の概要を手短に皆さんに述べたいと思います。主要な七光線がこの惑星に殺到しています。もし皆さんの一人ひとりが、毎日その日に注がれた七光線のうちの一つのエネルギーに焦点を当てればとても有益です。毎日、七光線のエネルギーのすべてが創造主の源からこの惑星に注がれていますが、曜日ごとに、そのうちの一つの光線が優勢になります。

七光線とこのように取り組むことは、とても深遠に、主要な七つのチャクラのそれぞれにおいて、一生を通じて七光線のエネルギーのバランスをとることを助けるでしょう。そしてあなたの現在の人生に大いにバランスをもたらし、人生をもっと容易にするでしょう。アセンションと悟りのプロセスにおいて、あなたの宇宙的未来でのはるかに大きな叡智とマスター性へ進歩するために、主要な七光線のすべてのバランスをとって身につけなければなりません。そしてそのあとで、知られていない五つの光線のすべてについても、そうしなければなりません。

テロスでは、私たちは毎日ハートとマインドと日々の活動の中で、曜日ごとに特定なエネルギーを増幅することによって、はるかに効果的なワークをしています。これを試してみることを勧めます。そのエネルギーが非常に効果的に増幅されて、あなたにとても役立つことに嬉しい悲鳴をあげるかもしれません。

日曜日には、叡智と神のマインドの黄色の光線が増幅されます。

毎日、とくに日曜日には、すべての物事で神のマインドに焦点を当ててください。この神聖なマインドは、あなた自身のマインドを叡智に向けてますます大きく広げるでしょう。真の叡智はいつも高次の視点と高次の意識のマインドから生じます。この神聖なマインドをあなた自身のマインドと融合させるにつれて、より大きな満足と容易さをもたらすように決断を下し、人生をそのように送りはじめるでしょう。

月曜日には、神の意志のロイヤルブルーの光線が増幅されます。

たとえどんなことが現在の状況に現われるとしても、神聖な意志に完全にゆだねることを通して、自分の人生のために神の意志に焦点を当ててください。あなたが霊性において熟達し霊的自由を得るために、これが最も速い方法です。あなたが神の意志と整合するにつれて、あなたの人生もより大きく調和することに気がつくでしょう。月曜日には、あなたのマインドと体と魂をそのエネルギーで包んでください。そうすればすぐに、あなたは多くの利益を得るでしょう。

火曜日には、神の神聖な愛のローズピンク色の光線が増幅されます。

神聖な愛のエネルギーの変容と癒しの影響に焦点を当ててください。愛はすべてのものをつくり、変容し、癒し、調和させるための接着剤です。生活の中で時間をとって、その光線を吸い込み、この神聖な愛の炎と同化してください。愛はあなたの望むすべての良いことを増加させる力の鍵です。あなたがこの炎とますます融合するにつれて、制限は消えはじめ、あなたは自分の運命の主人となります。

水曜日には、癒しや凝固、神聖な豊かさのエメラルドグリーンの光線が増幅されます。

あなたの人生のあらゆる局面で、神聖な癒しのエネルギーに焦点を当ててください。これはバランスをとって落ち着かせるエネルギーで、あなたが数々の生涯でつくってきた多くの歪みを整えるのを助けるでしょう。変容を必要とする人生のあらゆる分野のために、この輝くグリーンの液体状の癒しの光を呼び出して視覚化してください。このグリーンの光線もまた神聖な豊かさと繁栄の法則を司っています。また肉体的そして霊的な欲求のすべてを現実化して凝固する道を開くためにも、この偉大なエメラルドグリーンの炎を呼び出してください。

木曜日には、復活の炎の黄金の光線が増幅されます。

あなたが継承した神性を復活させて回復させるために、この炎のエネルギーに焦点を当ててください。あなたは、人間の生活を経験しながら学んでいる神聖な存在です。あなたが意識の中に迷い込んでしまったので、あなたの神性は覆い隠されてきました。復活の炎の、紫色《パープル》と黄金色のエネルギーを呼び出して、それらのエネルギーと融合するにつれて、あなたの神性の才能と属性はすべてよみがえっていくでしょう。この驚くべき炎はあなたに最終的なアセンションの儀式の準備をさせます。アセンションはこれまでも、そして今でも、この惑星上における多くの転生の主な目的です。

金曜日には、アセンションの炎の、清浄な、まばゆいばかりの純白の光線が増幅されます。
アセンションは、多くの転生を通して、神のエネルギーの資格がないすべてのものを浄化する過程をたどって、人間としての自己と神聖な本質が一体化する、錬金術的な結婚です。あなたの霊的な熟達度を高めないネガティブな性質と、誤った信念、貧しい態度や習慣のすべてを浄化し、きれいにすることに焦点を当ててください。あなたのオーリック・フィールド（訳注8＝生体の周囲に広がる電磁場）と肉体の全細胞・精神体・感情体・エーテル体を、このまばゆいばかりの純白のアセンションの炎で満たしてください。日々の瞑想で、すべての光線を使ってこのようにしてください。それはあなたの霊的進歩のために必要不可欠なことです。

土曜日には、変容と自由の、貫通する紫色《バイオレット》の光線が増幅されます。
土曜日には、紫色の炎の多くの色合いや周波数に焦点を当ててください。これはとても不思議な光線です。紫色の炎は変化や錬金術、制限からの解放、誠実さ、外交、そのほか多くの周波数です。あなたがオーリック・フィールドとハートをこの紫色の炎の驚異で満たすにつれて、その周波数が、マスター性や神性の実現を妨害している障害物やカルマをあなたの人生から取り除きはじめます。毎日、とくにこの光線が大きく増幅される土曜日に、できるかぎり紫色の火を使ってください。そうすれば、とても役に立つでしょう。

親愛なる友人たちよ、お分かりのように、すべての光線が重要です。どれも軽視あるいは無視されていいものではありません。それらはすべて、あなたの魂と失った楽園の回復を助けるために、よく調和して一緒に働きます。自己実現と神の域を極めることは、毎日勤勉に七つの炎を用いることによってもたらされます。

あなたが、あなたの人生についての責任ある建築家だからです。これらの永遠不滅の神の炎は、あなたがそれらを使うと、あなたのために働きます。誰もあなたの自由意志に介入できませんし、そうしません。またあなたの代わりにそれを行うことは誰にもできません。霊的な進歩は、主要な七光線を使って神の法則や神のエネルギーを日々活用し、カルマや感情体をきれいにする結果としてもたらされます。

毎日、霊的な内なるワークをするための時間をとることはとても大切です。神の愛と属性であるこれらの炎を呼び出すことは、宇宙の法則をより活用するための理解を広げます。これらの驚異的な神の炎を呼吸して呼び出し、それらの炎であなたを満たしてください。瞑想するときには、あなたの神なる自己やガイドたちとつながることによって、これらの炎についての理解を深めるように求め、あなたに示されることに励んでください。ますます大きな目的と運命へ向かうあなたの永遠の旅のために、死の幻想のベールを持ち上げて、神の原初の意図の魔法と力と再びつながろうとしてください。私たちの援助も依頼できます。あなたのハートから簡単な祈りが要請されれば、直ちに私たちはあなたのフォース・フィールド（場）の中であなたを援助します。

第13章　啓蒙の炎——第二光線の活動

啓蒙の神殿への瞑想
アダマとロード・ラント

親愛なる皆さん、こんにちは。私はアダマです。今日、私は数人の存在と一緒に皆さんの前にいます。その数人については、ほとんどの人がすでに知っています。そうでなくても、少なくとも聞いたことがあるでしょう。彼らの中に、私たちの兄弟のアーナーマーと第二光線を守護するマスターのロード・ラントがいます。

オレリア——こんにちは、アダマ。今日は啓蒙の光線の属性と使い方について、もっと理解を深めるために話がしたいと思います。ロード・ラントを連れてきたからには、あなたは私たちの心を読み取ったに違いありません。私たちの霧とハートの中にいる皆さん全員を歓迎します。私たちは皆さんがここに一緒にいてくださることに敬意を表します。

アダマ——皆さん、どうもありがとう。あとで出版される本を読む大勢の人たちと皆さん全員に、私たちの愛と叡智を再び分かち合えることは私たちの喜びであり光栄です。地球が高い意識と高次元に推移するこの極めて重大な時期に、ここに転生したすべての魂が、進化中の惑星に関してエネルギー的にそして物理的に何が起こっているのかを理解することは、以前にもまして重要です。

いや、それどころか皆さん全員が自分の神聖な本質を完全に理解して思い出すために、そしてこの惑星のここでしていることについて知るために、ここで経験するために自ら設定してきた目的や目標を発見するために、これまで以上に光明を大いに必要としています。今は皆さん全員が、この時期に皆さんに差し出されているアセンションを通じて、霊的解放という驚くべき機会の窓を利用するときです。創造主が皆さんの一人ひとりに抱く深い愛のために、また彼のハートからあなたに差し出されている、とても畏敬の念を起こさせる神聖な恩寵を通じて、あなたは今、かつて選択した神からの分離から解放されることができます。

皆さんはとても長い間、ここで霊的居眠りの段階で進化してきました。霊的に眠ってきたことが皆さんに多くの不快感や不幸、痛み、制限を与えてきました。皆さんは無知や分離を経験することを選んできましたが、自ら課した無知や分離のために、本当のあなたである神聖な存在として人生を現実化する方法を忘れてしまいました。多くの人がこの不自然な在り方にはもう耐えられなくなり、創造主の介入を呼びました。皆さんの魂は転生を重ねて神と自分自身についての誤った信念体系を刻印し、皆さんは宗教の限定的な教えに従ってきました。宗教の指導者たちは彼らの予定表のために、皆さんを霊的無知と支配と服従の中に閉じ込めました。皆さんは、それらの宗教や教義を信じ込み、それらを体現して、ひどく縛り付けられてきました。そしてほとんどの場合、宗教や教義は、間違った概念の際限ない流れに皆さんをずっと閉じ込めてきました。そして間違った概念が、多くの転生において神性の視点を通して自分自身を経験することを邪魔してきました。

霊性は本質的に純粋なものです。私たちはそのような霊性について皆さんに話したいと思います。真の神性はとても単純な概念で、一冊の小冊子にまとめられます。私たちは何度もそのことを話してきました。それはとても単純なので、どのように霊的でいるか、そしてどのようにそれを体現するかを人びとは完全に忘れてしまいました。皆さんは見つけるのが可能な、いちばん複雑な概念を常に探しています。古くから、何百万冊という本が霊性に関して書かれてきましたが、神についての信条体系はとても手が込んでいて複雑です。その上、実際に純粋な霊性が与える単純な真実を認識している本は、もし存在しているとしても、ごくわずかです。霊性に関する大量の書物は、私たちから見れば霊的に盲目な人たちが、やはり霊的に盲目な他の人たちを導きたいと願って書いたものです。真の霊性とは存在の状態であり、意識の純粋な状態です。意識のその状態はあなたを愛、光、真の人生、あなたの神性という意識に連れて帰るものです。

普通、霊性はすることとやしないことの多くでは得られません。皆さんは社会や宗教的組織や政府によって多くの規則を押しつけられ、それらにとても熱心に従おうとしていますが、霊性はそのような多くの規則によっても得られません。それはただ「在る」だけです。このような理由で、する・しないを伴う儀式と訓練と概念は、皆さんが受け入れるものも拒否するものもありますが、そのすべてはせいぜい単に善意ある人びとの基礎的な指針になっているにすぎません。これらの指針は、もしあなたがそれらを正しく使ってきたなら、あなたの助けとなったでしょうが、魂の中には真の霊性を絶対に吹き込めません。あなたの神聖な本質と交感するあなただけが、このようなことができます。

このような理由で、私たちの講演や文章は人びとが理解しやすい教えをもたらすことを目的としています。

その教えが、あなたの生命の流れの大建築家としての「内在する神」の意識へ、あなたを連れ戻すのを助けるでしょう。私たちが発見したように、あなたにもハートを脈打つ神聖な本質と完全につながって、再び独自の道に従って生きることの喜びや至福を再発見してほしいと願っています。いつも覚えておいてほしいことは、それぞれの人の中で活発に活動しているこの神聖な本質が、あなたがなれるものや、知ることができること、あなたが神聖な存在として日常生活で表現するために必要なこと、そのすべての唯一の真の「源」であるということです。生命の、愛の、無限の豊かさの、あらゆる善の川と、あなたが楽しみたいと願って獲得したがっている完全な才能は、あなたの内部にあって、あなたがそれを呼び出す際に認識して専念するのを待っています。前置きはこのくらいにして、私は次に「啓蒙」について話します。それは神の炎の属性の一つで、あなたが再び目覚めることにとても役立つものです。

オレリア——アダマ、啓蒙の第二光線の属性は何ですか？

アダマ——啓蒙の光線はさまざまな局面のすべてにおいて、主に神の叡智と真の知識と光明に関係があります。それは神の全知のハートから来るキリスト意識の啓蒙、理解、知覚、平和を表わします。それは文字どおり神のマインドの無限の拡張です。神聖な約束によって啓蒙の光線に基づいて転生している多くの魂が、人類の教師になります。あなたが聞いたことのある叡智の偉大なマスターの多くは、過去に人類の偉大な教師として転生したことがあります。彼らの魂の主要な道が啓蒙の光線です。何人か名前を挙げると、二千年前のマスター・イエス／サナンダや、ロード・マイトレーヤ、釈迦（ロード・ブッダ）、孔子（ロード・コンフューシャス）、ジュアル・クール、ロード・ラント、マスター・クツミなどがいます。人類がアセンションの資格を得るためには、全光線の通過儀礼を理解し、完全なバランスで熟達しなければならないので、すべての光線のマスターたちも人類の教師となるために時々、転生しています。すべての人は十二光線の一つを基につくられていて、光線ごとに何百万人が存在します。一つの光線が他の光線より優れていると信じたい人もいるようですが、そのようなことはないことを理解してください。全光線が等しく体現され、理解され、統合されなければなりません。

啓蒙の光線は、千枚の花弁を持つ蓮の炎として知られるクラウンチャクラ（頭頂のチャクラ）と関連しています。頭頂に啓蒙の光線を呼び入れると、クラウンチャクラの千枚の花弁が再び明るくなるプロセスを開始します。それは真の神のマインドとの再接続の可能性をさらに広げることでなされます。その千枚の花弁は、何千年もの間あなたの内部で休眠状態のままでした。しかし、それがあなたからなくなったことはなく、これがあなたが今、目覚めさせたいと思っているものです。あなたは無知のためにそこに闇の窪みを埋め込んできました。それはすべて基本的に、あなたが「神のマインド」をその純粋な形で経験するのを妨げている、眠っている意識の窪みです。あなたがクラウンチャクラと意識全体にこの啓蒙の光線を呼び出して、神性の全属性を再び目覚めさせるという意図を設定するとき、大いなる自己が、その呼び出しているエネルギーを使って、長期間そこで休眠状態だった暗い窪みを次第に明るく活性化させるでしょう。

オレリア――啓蒙の光線にはエッセンスや色がありますか？

アダマ――啓蒙の光線は太陽のような黄金色《ゴールデン・イエロー》で、とても輝いています。「啓蒙の神殿」はこの光線のための、この惑星上の主要な拠点です。南アメリカのチチカカ湖に位置しています。この光線の守護者たちはメルの神と女神で、とても畏敬の念を起こさせるエーテル界の神殿で何千年も啓蒙のエネルギーを保ち続けています。テロスでも、私たちはさまざまな光線すべてのために神殿をつくったときに、この荘厳な第二光線の神殿を一回り小さくしたものをつくりました。

レムリアの時代、私たちの大陸には、創造主の何百もの属性を象徴している何千という神殿がありました。私たちは進化のあらゆる局面のために神殿を持ちました。さまざまな光線のためだけに百以上の神殿を捧げました。最愛の者たちよ、あなたがまだ気づいていない多くの光線が存在していることを理解してください。あなたは七つの光線について知っていて、そしていま十二の光線について知り、さらにそれより多く存在していることも分かりました。この時期に全部の光線について気がついている必要はありません。しかし、この転生中にアセンションを遂げることを目指す人たちは、最初に七つ、あとで次の五つの光線に熟達することがこの上なく大切です。

オレリア──啓蒙の光線に取り組んでいる間に、どのような通過儀礼を通り抜けることが考えられますか？

アダマ──自分自身について抱いてきた間違った信念体系や、あなたの意識を占めてきた間違った信念体系、多くの痛みと制限に閉じ込めてきた間違った信念体系、そのすべてに気がつくようになることが通過儀礼となるでしょう。それは、無知から脱出して、神のマインドと一体化することです。啓蒙の光線を統合して自分に浸透させるにつれて、神のマインドを呼び起こして、あなた自身のマインドを変容し進化させるために、あなたのマインドの中で完璧なワークをすることができます。

人間の脳が存在し、また神のマインドも存在しますが、その二つはまったく同一のものではありません。神のマインドは、すべてのことを知っていて何の制限も持たない宇宙意識を表わしています。人間の脳は、人間の自我によって支配され、恐れや制限、自分についての間違った信念を刷り込まれています。人間の脳は、人間の自我やそれ自身の恐れ、分離の意識によって変えられてきました。しかし、それはあなたの進化のための道具で、あなたにとても役立ってきました。人間のマインドは進化しつつあり、究極的には神のマインドと一体化する運命にあります。それを取り除きたいという人もいるようですが、そうしないでください。人間のマインドはあなたのものですから、あなたはそれを自分自身のなくてはならない一面として認めなければなりません。

あなたを制限と無知に閉じ込めている古い信念はもはや役に立ちません。ですから、あなたはただ、適切な知識と真の叡智によって、そして古い信念のすべてを放棄することによって、人間のマインドを変容するだけでいいのです。もしあなたが変容するためにこの内的作業をするなら、啓蒙を吹き込む作用によってあなたの自我は進化し、最終的には神のマインドと一体となって融合するでしょう。アセンションのプロセスにおいては、人間のそして自我のマインドを含め、あなたのあらゆるの面が、完全に神のマインドとあなたの神性のすべての属性と一体化していくでしょう。それを、永遠に進行するプロセスとして考えてください。というのも、新たなレベルが常に、次々と開かれていき、あなたはそこから学んでいくからです。マインドとハートとあなたのあらゆる面をあなたの神性に開くために、あなたがゆだねる必要のあるプロセスが一晩で起こることはありえません。あなたは進化の道のために自分で目標を設定してきました。この旅は、その目標を達成するために、転生する前に自分でつくって計画してきたものです。

あなたは少しずつ、必要とする知識や理解や叡智を意識の中に統合するでしょう。あなたがこうしていくと、ある時点でベールが持ち上がり、あなたはあなたのマインドを神のマインドと十分に余さず一体化させるでしょう。もしあなたが宿題をしたくなくて、間違った概念と信念体系を維持しながら現在の状態にとどまることを選択したとしても、それはあなたの選択です。ですからあなたにそれを強制する人は誰もいません。あなたの愛する人たちが次のレベルに上がっていく一方で、あなたは進化において引き戻される結果を受け入れなければならないことにも気がついてください。

あなた自身の進化は、あなたの転生の主要目的で、完全に従事する意欲と努力をあなたに要求します。絶対に自動的には起こりません。それは実際には魂の欲求なので、あなたの転生の最も深い欲求に、そして中心になる必要があります。あなたが三次元の人生を楽しめないという意味ではありません。それどころか、あなたが人生を十二分に愛して楽しむことが必要です。そしてそれは皆、一つに統合される必要があるので、あなたの変容は今、地球の変移のこの時期に、あなたの完全な献身と参加を必要としています。これはあなたがいま自分でできる最重要の任務であり使命です。今は皆さん全員が自分の優先順位を決めて、なりたいと思うマスターとして、そうするときです。

オレリア――人間のマインドを神のマインドと一体化させるために、どのように意識して人間のマインドを進化させることができますか？

アダマ――毎日、啓蒙のエネルギーを呼び出して、人間の脳と一体化させてください。あなたを鼓舞する資料を読む、瞑想する、自然と交流するなど、何でもできる方法であなたの意識を拡大するように懸命に努力してください。あなたはマインドを情報で養うだけでなく、気高く美しく啓発的なもののすべてでハートと魂を養いたいと望んでいます。ハートの中に入って、あなたのエネルギーを内在する神と一体化しはじめてください。あなたの変容したマインドは、アセンションの途上で聖なるハートと一体になるでしょう。しかし最初にハートが次元上昇し、それからあなたは神聖な融合を経験するでしょう。あなたの全チャクラは一つになり、あなたはもはや「あなた」と宇宙から分離しているとは感じなくなります。それらは異なった焦点としてとどまりますが、同時にすべてが一つになっています。その上、もっと多くのチャクラがあなたに加えられます。それがどんなに強力なことかあなたには分かっています。次元上昇したマスターが光明を得た存在であるのはこのような理由からです。このプロセスを始めるために、あなたは誰かの許しや促しを待つ必要はありません。もしこのような啓蒙があなたの内部で起こってほしければ、今すぐに始めてください。

聴衆――もしも私が眠っている間に啓蒙の光線を呼ぶとしたら、どんな通過儀礼やプロセスを通り抜けるのでしょうか？　どこに連れて行かれるのでしょうか？

アダマ――目が覚めている間に啓蒙の光線を呼ぶことを勧めます。眠っているときには、あなたはこのことについてすべて知っています。睡眠中に学んでいる叡智を統合する必要があるのは、目が覚めているときの意識です。意識ある自己として、ベールの向こう側にいるあなたは、とてもよく知っていて何の問題もありません。

オレリア――私が睡眠中にあちこち行くとき、私がどこで何を学んできたのかを意識的に覚えていることは、この時期には必要ないことを知っています。それより、夜の間に得た知識を日常生活に統合することの方が大切だと思います。

アダマ――まったくそのとおり。あなたはまだ、夜の冒険のすべてを覚えているようにはなっていません。なぜかというと、もしあなたがそれこそ覚えていたら、それらがとても驚異的なものなので、あなたは三次元での経験を完了させることにまったく興味がなくなり、それがあなたの道であなたを後退させるからです。いったんあなたのガイドやマスターたちとともに、寝ている間にあることをして学びたいと意図を設定すると、彼らはあなたの目標を叶えるのを助ける、あらゆる種類の驚異的なところへあなたを連れて行くでしょう。しかし、あなたは覚えていないでしょう。たとえば、もしあなたが啓蒙の神殿に行きたいのなら、彼らはあなたをそこへ連れて行きます。啓蒙の神殿はこの惑星に複数あるので、あなたが望めばそのすべてを訪ねることができます。実際に、あなたはすでに何度もそうしたことがあります。しかし、もっと意識的に目覚めている状態でもそこへ行ける、とあなたが気づいているのは良いことです。私たちの都市にも啓蒙の神殿があります。私たちはテロスの神殿と南アメリカにある神殿の間に光の橋を架けました。私たちの領域では二つの神殿はエネルギー的に分離していないので、私たちは皆、一つとして一緒に働いています。

聴衆――私たちは一生の間に一つの光線だけに取り組むようになっているのですか？

アダマ――そうではありません……ほとんどの人は一つの転生で最低二つの光線に取り組みます。本来の光線ともっと獲得したい二番目の光線です。最終的には、すべての光線を統合してバランスをとらなければなりません。ある生涯であなたは第二光線または第三光線と取り組むこともありましたが、他の転生で同じようにそれ以外のすべての光線にも取り組んできました。あなたがこの人生で取り組んでいる光線はあなた本来のモナド(訳注10)の光線を表わしている必要はありません。もしあなたがアカシック・レコードを読むことができるなら、あなたがつくられた基となるモナドの光線に取り組む生涯が多いという傾向が見られるでしょう。すべての光線に熟達してバランスをとってから次元上昇すると、たいてい本来のモナドの光線に戻って奉仕します。

オレリア――啓蒙の光線はどのように精神体、感情体、肉体、魂の体のバランスをとるのですか？

アダマ――全部の体のバランスをとっているのは、啓蒙の光線だけではありません。その光線の主な目的は、真の叡智、知識、啓蒙の獲得と、神聖なマインドの統合を促進することです。各光線は異なった働きを

（訳注10） モナド＝神聖な高次の自己のさまざまな呼び方のうちの一つ。

していて、それらはすべて同等に補い合っています。ちょうど今、あなたの世界は間違った情報に晒《さら》されています。このような理由から正しい情報がとても必要とされていて、識別を発達させることがとても重要なのですが、そのようなこともまた第二光線の属性です。

聴衆——ガンジーやマーティン・ルーサー・キング、ジョン・ケネディは第二光線の人と考えていいですか？

アダマ——ジョン・F・ケネディは、指導者と神の意志の光線である第一光線の人です。ガンジーは愛と慈愛の第三光線の人です。マーティン・ルーサー・キングもまた第一光線の人です。指導力はたいてい第一光線の働きですが、第一光線に限りません。皆さんの世界で指導者の役割を担っているのは、第一光線の存在だけではありません。すべての光線は行動で示されるため、すべての光線の存在も時々、指導者の役割に就いて彼らの贈り物をもたらします。次元上昇するためには、全光線に等しく熟達しなければなりません。

聴衆——第二光線の誤用について説明してもらえますか？

アダマ——第二光線の誤用には、間違ったやり方で知識を使うことや、ありのままに物事を見たくないというような意識的な無知を楽しむことがあります。また生命と自分についての幻想を受け入れることもまた第二光線の誤用です。

ハートについて少し話しましょう。人間のマインドと脳は、皆さんが三次元の中で持つ道具です。元々、常にハートに役立つように予定されてつくられたものです。あなたのハートは、神聖な神のマインドにつながっていますが、あなたが真我と融合した状態に達するまで、あなたの精神的なあるいは自我のマインドは常に意識的にハートに役立つことが必要です。最終的には、それが存在の自然な状態になります。あなたが常にハートではなく人間のマインドから働いたり動いたりして、いのちの高次の目的とつながっていないとき、その意識状態は、霊的無知や、自我のマインドの支配や操作による第二光線の誤用をつくります。人間の優れた知性を持っている人たちがいますが、霊的な叡智は持っていません。その上、しばしばその偉大な知性を大いなるすべてとの一なる状態を探すどころか、変性自我（訳注11＝エゴ）に奉仕することに使います。たとえば、政府の指導者たちは、自分たちが行動で示していることがよくないと知っています。皆さんは、政府内で起こる腐敗と秘密について入手してきたので多くのことを知っています。政府の振舞いは第二光線と指導力のまったくひどい誤用です。分かりますか？

オレリア――はい。なんだかとてもひどい状態になっているようですね。

アダマ――そう、それが現状です。皆さんにできることは、物事についての自分の見方を変えることと、愛と平和と調和のエネルギーを最初に自分自身のために受け入れることだけです。その後、そのエネルギーを十分に自分のものにするとき、あなたはただありのままでいることによって、まわりのすべての人にそれを放射できます。全住民がハートから神のマインドに接触しはじめると、政府もまた変わりはじめて、新しい集合意識を映し出すようになります。皆さんが変化するにつれて、つまり住民が集合意識を進化させるにつれて、政府もまた同じように変わるでしょう。このようにして皆さんは、それが政府の問題ではなく、皆さん全員の問題であると理解しはじめます。政府は常に人びとの意識を反映します。皆さんは進化するにつれて、指導者としてもっと光明ある人たちを選ぶ知恵を身につけるでしょう。彼らは皆さんの鏡です。

オレリア――クラウンチャクラの誤用の副作用は何ですか？　それは一体どのように肉体に現われるのですか？

アダマ――あなたも知っているように、クラウンチャクラは肉体における神のマインドの座であり道具で、すべてを分かっている状態や叡智、啓蒙を反映するために設計されました。意識的に人びとを惑わせ、支配や操作をしている人たちは、人間の知識を自分の利益のためだけに使っています。彼らはやがて自分がつくったことの報いを受けるでしょう。最終的に、自分がつくってきたことの結果をカルマとして経験します。それはアルツハイマー病やパーキンソン病、記憶喪失、精神機能障害、精神病などの精神的な疾患として戻るかもしれません。年をとっていくと皆さんはだんだん賢くなり、神のマインドをますます受け入れるように生まれついています。皆さんの社会では、年をとるにつれてその逆のことが多く見られます。老人ホームや精神療養所にいる多くの人は、自分の名前も言えない状態や愛する人が分からない状態にまで精神機能が低下しています。皆さんの見解はとても限られた解釈なので、人間のレベルでは決して何も判断できません。

では瞑想して、エーテル界の啓蒙の神殿に一緒に行きましょう。

啓蒙の神殿への瞑想――アダマ

まずはじめに、テロスに啓蒙の神殿があります。それは南アメリカのチチカカ湖にある、この惑星の中心的な啓蒙の神殿を少し小さくした複製です。荘厳で、畏敬の念を抱かせる南アメリカの神殿は、メルの神と女神の指導の下に維持されています。メルの神と女神はとても高度に進化した存在で、この惑星のためにその光線のエネルギーを管理しています。今回、私たちは皆さんをテロスの神殿に連れて行こうと思います。テロスの神殿も同じエネルギーの周波数を保っています。

ハートに集中してください。そして私たちと一緒に地下都市テロスの啓蒙の神殿へ旅に出ると意図を設定してください。あなたのガイドや大いなる自己に、私たちとそこへ行くことを意識の中で導いてくれるように頼んでください。私たちは皆さん全員を快適に収容する巨大なマカバ（訳注12＝光の乗り物）を持っているので、乗って行くことを勧めます。

今、あなた自身がテロスのこの神殿の門に近づいていくことに気づいてください。あなたは遠くから、太陽のように輝く明るい黄金色の八側面の構造物を見ています。その建物は啓蒙のエネルギー光線を何百キロメートル上空へ、この惑星の地上の大気に向けて放っています。またクリスタル・グリッドにもつながっていて、そのグリッドはとても速くこのエネルギーを地上のすべての場所に広げています。

この光の門への二十四段ある階段を、あなた自身が歩いて昇っていくのを見てください。最後の段を上ると、テロス人の門番が二人いてあなたに挨拶します。黄金色の光の光線のシャワーを浴びるように、とあなたをロビーの特定の場所に招き入れます。その光線のシャワーは、あなたのエネルギーのフィールド（場）を、この神殿で受け取れるように浄化し整えます。

この時点で、皆さんの一人ひとりはレムリア人のガイドを一人割り当てられます。そのガイドがこれから、あなたが門口を通り抜けるときにあなたをエスコートし、あなたの経験に対して助言します。その時、第二光線のマスターたちのとても輝かしいチームが向こう側にいて、あなたを歓迎するでしょう。惑星のキリスト、ロード・マイトレーヤ、釈迦、ロード・サナンダ、ラント、孔子、ジュアル・クール、クツミが、皆さん全員に彼らのハートの愛を広げています。

あなたが建物に通じる美しい通路に入ると、彼らは、とても心温まる歓迎の言葉を述べます。その美しい通路はまるで巨大なポータルのようで、そこではあなたの目に入るすべてのものが、太陽のように光り輝いています。皆さんの言語にはあなたが見て経験していることを描写する言葉はありませんが、それは重要なことではありません。あなたの経験をもっと明らかに創造するために、あなたの想像力を使ってください。想像力は神聖なマインドの能力です。その場所に過去と現在のすべての経験が刻まれているので、あなたはあとでそれらを意識によみがえらせることができます。魂の目で見て認識するすべてのことを、あなたのハートと意識に漲《みなぎ》らせ、刻み込ませてください。すべてのことがここでどのようにその光線への創造主の愛という黄金の太陽を反映しているか、見てください。

大きな「啓蒙のホール」の中央と壁に沿って、多くの噴水が湧き出ていることに気づいてください。それらの噴水は、黄金色の液体状の光です。それらの多数の噴水のエネルギーのすべてを吸い込んでください。あらゆる色の花々を見てください。花々は黄金色の霧がかかってきらきらと光り、あなたが眺めるすべての場所に天上の香りを注いでいます。多種多様な明るい黄色の花々も想像してください。黄金色の花々がさまざまな色合いや大きさをしていて、変化に富んでいます。とても見事な、調和のとれた、壮観な装飾の中で黄金色の花々が一緒に育っていて、あなたが眺めるすべての場所で愛と啓蒙と叡智の交響曲を奏でています。床や壁、天井、そしてあなたのまわりのすべての美しいものを、変化の細部に至るまで注意をはらって見てください。

神殿の中にある巨大な部屋の正面に向かって歩いていくと、大きな器があって、その中に啓蒙の無尽の炎が明るく燃えています。「啓蒙のホール」の中央で、叡智のマスターたちが大きな啓蒙の炎のまわりに立っていることにも気づいてください。そして彼らが絶えず愛を注いで養うことによって、無尽の光の炎が絶えず螺旋《らせん》状に拡張して育まれる様子を見てください。その奉仕に身を捧げる人たちが神の炎を養わなければ、それらのさまざまな炎は存在できず消えてしまうでしょう。それらの炎にとっては燃料の唯一の源は、炎の番をする人たちのハートから湧き出る愛と献身の火です。彼らは愛と献身によって、人類と惑星自身のために、それらの炎を明るく燃やし続けます。

最愛の皆さん、深い呼吸を続けてください。これは今、皆さんに差し出されたとても特別な贈り物です。この神殿の扉は次元上昇していない存在に常に開かれているわけではありません。皆さんは今日ここに特別な免除によっているので、私は皆さんに、ロード・マイトレーヤと先ほど述べた他のマスターたちに心からの深い感謝を捧げることを勧めます。彼らがここで皆さんのために進んでエネルギーを保ってきたので、皆さんが入ることが可能になり許されています。この本を読んでいる人たちと、同じ経験を望む人たちにも、もしその望みが純粋で心からのものであれば、同じ特免が与えられるでしょう。

あなたに割り当てられたガイドに注意を向け続けてください。この交流を通して、多くの叡智と理解が伝えられることが可能です。あなたは今、黄金色の炎のマスターの前にある、黄金色のクリスタルの椅子に座るように勧められます。そのエネルギーを感じてください。輝く黄金色の炎がエーテル体の細胞とあらゆる部分を貫いているのを感じてください。今、目の前のこの素晴らしい輝く啓蒙の炎に焦点を当てながら、このエネルギーをできるかぎり多く吸い込んでください。その炎は約十八メートルの高さがあります。四六時中私たちの住民の愛によって、そして次元上昇したマスターたちと天使的存在たちの愛によって養われています。

呼吸を通してその炎に焦点を当てながら、神のマインドと、その炎を養っている叡智のマスターたちと、あなたのハートをつなげてください。あなたのハートを彼らのハートにつなげてください。そして、彼らの愛と献身をあなたのＤＮＡと全部のチャクラに刻んでほしい、と彼らに頼んでください。

そこにあなたの変性自我も参加させてください。というのもそれもまたあなたの神聖な不可欠な要素だからです。それはあなたが取り除ける部分ではなくて、本来の目的に変容して戻す必要がある部分です。ですから、それもまたアセンションのプロセスで神性と一体化するでしょう。この部分もあなたの自己愛によって理解され養われる必要があります。あなたの切り離された部分と、人間のマインド、変性自我をつかんで、ただ啓蒙の炎に浸してください。

若者や子どもに話しかけるように、たくさんの愛と思いやりをもってそれらの部分に話しかけてください。人間のエゴに、エゴもまた神聖なもので愛されていることを説明してください。そして、その愛とやすらぎを受け取るように、啓蒙の炎の大いなる叡智にゆだねるように頼んでください。これをやってください。その結果、あなたは叡智と知っているという内なる感覚をより大きく統合して人生を送ることができます。

あなたが体の中に戻って日常生活で難しい決断に直面するときは、必ずあなたの目の前に、内なる目の前に、この美しい啓蒙と叡智の黄金色の炎を持ってきてください。今という瞬間で知る必要のあることがたとえ何であっても、あるいは決めなければいけない選択のために、そのことについて最高の洞察力を与えられるように依頼してください。このようにして無自覚と霊的居眠りから出るでしょう。そしてまた、このようにして識別を学ぶでしょう。

このような方法であなたの考えは神の考えと一つになって、あなたが制限から脱け出るのを助けるでしょう。あなたがもう一度、賢いマスターや聖人のように地球を歩けるように、すべての炎がそれぞれ違ったやり方で、あなたが無制限のあなたのスピリットを復活させる手助けができます。

また、このエネルギーと知識に、意識的なマインドに統合されるように頼んでください。あなたはその詳細を全部は覚えていないかもしれませんが、その知識はあなたの魂の中に刻まれるでしょう。そして、それが最も重要なことです。あなたはとても多くの間違った信念体系を魂の中に刻んできました。それらの信念体系があなたを苦痛や制限にとどめています。それらがまず気づきに現われて、それから啓蒙の炎によって理解と浄化、癒しがなされるように頼んでください。それは次第に起こるプロセスで、あなたの意図と完全な参加を必要としています。アセンションの途上で、このプロセスの完了が明らかになるでしょう。

ハートの知性を示す神のマインドと、どんどん融合しつづけてください。完了したと感じたら立ち上がり、あなたのガイドと一緒に散歩しながら、答えを探している質問をしてください。この神殿はたいへん広く、多くの面や区画や部屋《チェンバー》があります。

その美しいエネルギーの中で、あなたの魂とハートを休めながら続けてください。その美しいエネルギーは、あなたの神性という太陽をも表わしています。神のマインドを通して、啓蒙の炎によって、あなたがそれと完全に整合するとき、すべての知識を利用できて、あなたの意識的なマインドへ運ばれるでしょう。（間を置く）

では意識を戻して、あなたの肉体に戻ってください。啓蒙の神殿の旅からできるかぎり多く持ち返ると意図を設定してください。あなたは今、第二光線の愛のエネルギーと整合しているかぎり、いつでも望むときにそこに戻る許可を得ています。

啓蒙の神殿で奉仕している、次元上昇した状態の叡智のマスターが大勢います。彼らもまた第二光線の修養所《アシュラム》に関係しています。そこは啓蒙の神殿にある多くの区域の一つで、多くの魂が夜に教室や個人授業に来るところです。自分の意識を愛して進化させるというあなたの意欲を除けば、授業料はありません。

用意ができたら目を開けてください。自分にも他人にも満足して、感謝して、仲良くしてください。親愛なる皆さん、今日は私たちと一緒に来てくれて、どうもありがとう。私たちはあなたに私たちの愛と叡智と支援と識別を送ります。いつでも望むときに神のマインドにつながることができることを知ってください。あなたがハートから意識的にそうすればするほど、皆さんはより偉大で賢い存在になるでしょう。そしてまもなく私たちは、直接顔を合わすことができるでしょう。そしてそうなされました。

オレリア――アダマ、ありがとう、あなたは本当に尊敬すべき素晴らしい人です！　また、ここにいる聴衆を代表して、感謝します。

アダマ――親愛なる皆さん、私は皆さんの鏡です。皆さんも全員、同じようにとても大切ですよ。

啓蒙の黄金色の炎の祈願文

グレート・セントラル・サン（訳注1）の神のハートからの啓蒙の栄光の黄金色の炎よ、私は、最愛のメルの神と女神の存在を私のハートとマインドと魂の中に呼び出します。私は啓蒙の貴重な油で、私という存在を溢れさせることをあなたに依頼します。私の意識の中で神聖な完全性に至らぬすべてのものを変容するため、無限の輝きの中で、私に啓蒙の貴重な油を溢れるほど注いでください。

ああ光の炎よ、なんと明るい輝き、
ああ神の炎よ、見るも摩訶不思議、
叡智の泉はやむことなく流れ、
私を太陽のハートへ連れ戻す！

今、汝の満身の力をもって、
私の手を取れ、私の目を開けよ、
私の人生を汝の驚異で溢れさせ、
啓蒙の炎で私をくまなく燃やせ！

そういうわけで私は、私のハートから愛の火を通じて神と歩くことを選びます。私は私が顕現している神であることを宣言します。私はまた、私を通じて流れている黄金色に輝く啓蒙の光の強力な川があることを宣言します。そして私はこの光の川であり、私はこの黄金色の平和の川であることを宣言します。

私は今、私の意識と存在と世界の全体がいま光の中に呑み込まれ、愛の腕に浸っていることを宣言します。私が暮らすこの世界は光に溢れ、愛に溢れ、そして勝利が確実です。私自身の勝利は確実です。なぜなら私は神聖な「愛と啓蒙」の光線であり、私自身のあらゆる部分とこの惑星上のすべての男性と女性と子どもに向けて、神聖な真の癒しの香油を送り出しているからです。

ああ愛の炎よ、見るも摩訶不思議な炎よ、今日私を通じて、汝の黄金色の光を拡大せよ。私と全人類を祝福し、癒し、光を注ぎ、そして永遠に消えることのない神の光の中へ、私と全人類の運命を定めよ。

第14章　宇宙愛の炎——第三光線の活動

愛の神殿への瞑想
アダマ、惑星のマハ・コハンであるベネチア人パウロを伴って

アダマ——オレリア、こんにちは。私はアダマです。今日はあなたとあなたの友人たちが万物を包み込む愛の炎について話したがっているようですね。

オレリア——ええ、そのとおりです。私も、ここにいる皆もそう望んでいます。愛については、とても多くのことが言われたり書かれたりしてきました。それでもまだ、通過儀礼の道にいる人たちにも、十分には理解されていません。地上の人間としての私たちは、どんなに愛の意識を働かせようと努力しても、まだしょっちゅう二元性や判断に陥ります。私たちのハートが愛の波動の美味しい甘露で再び満たされることができるように、もう一度、愛について話してください。

アダマ——最愛の姉妹と家族の皆さん、私は皆さん全員をたいへん愛しています。テロスにいる私たち全員は、皆さんのように愛の神秘をもっと深いレベルで理解したいと願う人たち全員にとても感謝しています。皆さんは十分理解できるように進化しているところです。そしてこの驚くべきエネルギーを体現する努力を

続けると、それはあなたの内部で増幅しつづけます。ですから、やる気をなくしてはいけません。いつか、あまり遠くない将来に、最終的に皆さんを私たちの愛と光の地に再び招くことは私たちにとって大いなる喜びです。私に愛について話す機会を与えてくれたことに対して皆さんに感謝します。私は青い光線のマスターですが、愛の話題を講義するのは今でも相変わらず私のお気に入りの一つです。

まずはじめに、少し背景を説明しましょう。愛の炎は、人類のためにこの惑星で働いている神の七光線の一つです。愛の色は、愛の光線の多くの組み合わせの中で、とても淡いピンクから黄金色に輝く深いルビーの光まで、実にさまざまな周波数や色、色調をしています。愛は、神の創造物のすべてを完璧な秩序、調和、荘厳な美しさの中で一緒に働かせる接着剤であり波動です。今、その愛の第三光線のコハン（長）の任務に就いているのがマスター・ベネチア人パウロで、彼自身がこの惑星における神の愛の純粋な炎の体現者となっています。

第三光線はハートのチャクラとつながって、神性の愛と人間の自己の愛を拡大します。その神性の属性が多くあるなかで、第三光線の神性の属性は、偏在や慈愛、慈悲、慈善、そして聖なるスピリットの愛を通して活動する神でありたいという欲求です。

ベネチア人パウロは、宇宙愛の永遠の炎に卓越しているため、この惑星のマハ・コハン（長）の役に就いています。管理階層のこの地位において、彼はこの時期に、聖なるスピリットの任務として知られているもののエネルギーを体現する責任があります。これは管理階層のとても複雑な驚くべき任務で、説明しようとすれば多くの章を必要とするでしょう。たった今、この偉大なマスターが私たちの集まりに到着されたところです。私たちが話すとき、私たち全員が彼の臨席の栄にあずかっていることを、私は皆さんにお伝えしたいと思います。この偉大なマスターをハートの中に迎えてください。彼は今、純粋な愛の輝きで皆さんを祝福しています。

この惑星上には、愛の炎の静修地《リトリート》や神殿が幾つか存在しています。テロスにも、地下のエーテル界の光の全都市にも、愛の大神殿があります。また、この惑星だけでなく、この宇宙と他の宇宙の至るところにも存在しています。ベネチア人パウロは以前フランス人として最後の転生をしました。南フランスにある自由の城の地下に、エーテル界における第三光線の静修地がありますが、彼はその守護者です。他にもニューヨーク市にある太陽の神殿の地下に静修地を持っています。ヘロスとアモラは愛のエロヒム（訳注13）で、愛のツインフレーム（訳注14＝魂の異性の片割れ）です。彼らはカナダに霊的静修地を持っています。また別の畏敬の念を起こさせる神殿が、合衆国ミズーリ州のセントルイスにもありますが、そこは第三光線の大天使のツインフレームであるチャミュエルとチャリティによってつくられ守護されています。

ここで、万物における唯一の真の不変の力としての愛について少し話しましょう。そのあとでベネチア人パウロに、皆さんへの一言をお願いしたいと思います。

（訳注13） エロヒム＝「創造の神々」とも呼ばれる。神の思考の資質を代表している存在。七光線には七人の強大なエロヒムが存在し、それぞれ男性と女性の側面が対の形で、神が両性具有であることを示している。

愛は言葉ではありません。それは最も重要な特質であり、力であり、波動です。それは、いのちです！愛はあらゆる存在の中でも極めて貴重な要素および波動で、永遠の、生きている、動的な力です。それは時を超越し、空間を消去する黄金色の戦車です。愛はすべての物事が生み出されているところからの、最初の光の物質です。それは、すべてのものをまとめる統一された力です。愛は何もかもを包含します。愛の強さは、すべてのものを癒して変容できるほどです。人間的な自己と壮大な宇宙的な自己との間を分けている障壁が実際には何も存在しないのとまったく同じように、あなたの人間的な愛とあなたのキリスト的な愛の間を分けている障壁は実際には何も存在しません。強さと波動において違いがあるだけです。キリスト的な愛は、体現されて数百万倍に増幅された人間的な愛です。

転生中の人たちの中には、愛を弱さとして見る人がいます。愛が弱さでなく最大の強さであることは確かです。愛は、あなたが育てて発達させられる最も大切な神の属性です。その力はすべてのことに耐え抜き、すべてのことの中で喜び、すべてのことを讃美することができます。愛は不変の力で、生命のエネルギーと調和を描くことができます。その癒しの優しさはすべてのものに浸透し、あらゆるハートを包みます。人は神に与えられたこの偉大な愛の能力を発達させるとき、清められた霊的な愛の目が見るものを何でも創造する力を持ちます。

恐れは、愛の炎を完成させた人には存在できません。大いなる自己には、莫大な量の人間のネガティブなものを、瞬時に純粋な愛と光に変容する能力があります。愛というこの大きな贈り物の獲得が、人生の唯一の主要な目的および願望になるとき、愛がもはや否定できない願望となって燃え上がってきたときこそ、それが実現されるでしょう。そのような人は愛をとても多く受け入れるので、その人のまわりに栄光の壁がつくられて、純粋な愛に至らないものは、何一つとして絶対に再び彼/彼女に触ることができません。

光の領域は、愛のこの神性の贈り物を獲得する人たちに対して大きく開かれ、そしてすべての力が再び彼らに授けられます。神性の完全性における美しさと若さと活力、絶大な尊厳に満ちた力と豊かさ、神のマインドであるすべてを分かっている状態、十分に回復した霊的な全属性が、完成された愛の贈り物です。

あなたのハートの全エネルギーで、神とあなたの神聖な存在に祈ってください。ハートの全エネルギーがキリストのようなこの神聖な愛に自分を開きます。あなたのハートの中で、敬慕と感謝の歌としてこの愛を歌わせはじめてください。永遠に続く喜びと感謝からなるハートの歌によって、あなたのハートを絶えず高めてください。そうすれば、この偉大な愛はあなたのものになるでしょう。あなたがたとえどこにいても、高次の領域のすべての力と宝は、天と地にいるあなたにいつまでも永遠に授けられるでしょう。

これらの天の宝は、神によって与えられた潜在能力を解放するにつれて発達する、神性の才能や性質です。それらは真我の内部に、あなたの神性の座である聖なるハートの中に隠されています。神が皆さん全員に持たせたこれらの才能や能力は、皆さんが神性の存在として完全に回復するための神の策です。それまでの間、神は辛抱強く皆さんがそれらを十分に受け入れるのを待っています。

皆さん一人ひとりの内部に、宇宙の銀行口座が設けられています。その口座はあなたの長所が蓄えられるところ、あるいは引き出すところです。次の世界では、人類は財産や人間の学識によって、または地上の地位や栄誉によっては評価されません。人はその人で「在る」こと、つまり霊的な達成度によって評価されます。人が神性の存在としてなるものが評価の唯一の物指しで、その人が考えてきたこと、感じてきたこと、行ってきたことの総計を測ります。人が自分のために自分の宝を天に置きはじめると、純粋な愛の偉大なキリストの光の衣、すなわち燦然《さんぜん》と輝く力と美しさの装いが内側から生み出されます。その人に授けられる栄光に輝く光の白い衣装は、その人の銀行預金から溢れ出す利子です。それは愛と思いやり、慈悲、優しさ、感謝、賞賛からできています。

あなた自身がそのようなキリストのような愛を体現するようになったら、天があなたの宇宙銀行の口座にその富と無限の利子をもたらすので、これらの偉大な、力強い、達成した宝を大いに喜んでください。百倍になりますよ！　いや、それよりずっと多くなります！

あなたが理解できるように説明すると、人類の魂のハートの中で燃えている愛の炎は、現時点では、まだ一・五ミリから三ミリ程度です。多くの人は固く決意して絶えず努力してきたので、炎がそれよりは大きくなりましたが、それでもまだ道半ばです。愛の火があなたのハートの中で約二・七メートルの炎を燃やすとき、あなたはついに「光の翼」に乗って「故郷」へ運ばれ、不滅の者たちの間で認められるために必要なものを獲得したことが分かるでしょう。

オレリア――まあ、アダマ、そうなれば素晴らしいですね！　私はこれを達成したいと思います。私たちに再び思い出させてくれたことに感謝します。私はこの驚異的な愛について知っていましたが、まだ十分には理解していませんでした。私たちが完全な神性を突然得ることや、完成された愛の理解への燃えるような欲求から、私たちを遠ざけているものは何ですか?

アダマ——いくつかの要因があるので、少し挙げましょう。その他の要因は皆さんで推定できます。私の言うことが個人にすべて当てはまるわけではありませんが、たいてい、全部でなくてもいくつかの要因は、程度の差はあっても大部分の人に当てはまります。第一に、そのような約束を信じる力も少なすぎますが、用心深さと動機の不足です。十分な時間とエネルギーを自分の霊的発達に注ぎ込むことへの決意が一貫性に欠けているため、あなたは霊的無気力の状態や霊的にネガティブなバランスに置かれます。愛とアセンションへの欲求はまだ中途半端な段階です。

もしあなたのハートと魂の中でそれが熱烈な欲求にならなければ、それなしではもはや生きられないほど大きな欲求にならなければ、あなたはこの進化レベルに達するのに十分な、愛と力とエネルギーを生成することはできません。

ほとんどの人がこのような霊的怠慢に陥《おちい》っていると言えます。皆さんは「なること」よりも「すること」であまりにも忙しすぎます。霊的な目標を立ててきた多くの人が、それらにゆだねることを先送りするために、新しい言い訳を常に探しています。多くの人がまだ、現在の転生のための霊的目標を書きとめるために「あなた自身」と真剣に座る時間をとっていないことは言うまでもありません。あなたは、どのようにそれらの目標に到達しようか、と節操をもって真剣に考えてきましたか？　皆さんの中で何人の人が、この時期にここに転生を選んできた理由を完全に理解していますか？

今あなたの「やることリスト」を半分に減らすことから始めて、その分を、あなたの神性の愛を発達させて統合させることに注ぎ込むように提案します。これには時間と、自分への愛、努力、継続的な専念を必要とします。なぜなら、それは自然には起きないからです。あなたはあまりにも多くの生涯を偶然に起こる進化に任せてきて、そしていまだにここで苦しく貧しい暮らしをしています。実際、この時期、皆さん全員にとってこれより重要なものは何もありません。忘れないでください、今日することや明日すること、昨日したことのすべてはあなたの人生にとても短期間の影響力を持っています。しかし人間という経験の中で神性の存在としてあなたがなるものは、あなたとともに永遠にとどまります。どちらがより重要ですか？

「でもアダマ、私たちは生計を立てて、三次元の生活の義務にすべて対処しなければなりません」と皆さんは私に言うでしょう。私はこのように答えます。「もちろんです。あなたが申し分ない霊的視点をもって日常生活に対処することは大切なことです。あなたが自分の性格を形成し、神が隠した才能を発達させるのは日常生活の状況の中でです」

もし皆さんが目標に優先順位を正しくつけて、時間を適切に管理するようになれば、私たちの観点からすると時間とエネルギーの無駄遣いでしかない活動や社交などをやめるでしょう。そうすれば皆さん全員が、最低でも一日に一時間以上を割いて、自分の霊的生活や将来、神聖な自己との交流にその時間を注ぎ込めるでしょう。皆さん全員が時間をもっと有効に扱いはじめることが不可欠です。それは叡智のマスターになる課程の一部です。創造的になってください！　もしあなたがそれを習熟するための時間を注ぐことに本当に何も興味がないとしたら、どうやって愛と神性の中であなたの神の面と一体化するつもりですか？

あなたは口数を減らして、内在する神についての驚異と光輝をもっとよく考えはじめることができます。自然を散策しながら、内なる神性について瞑想あるいは熟考してください。テレビや雑談の時間を大幅に削ってください。そのような時間はあなたの霊的な進歩にあまり役立たないからです。大部分の人は買い物にかける時間を減らすことができます。ほとんどの人が買い物に、しかも常に、実際に必要なものをより多く買うことに熱中するようになりました。それは皆さんの家のガラクタを増やすだけです。その時間を削ることは多くのお金を節約することになり、もっと大切な活動のために使うことができます。光の領域にいる私たちは皆、現在の全世代が常に新しい小物を探しにショッピングセンターを見て歩くことに熱中するのを見て、とても驚き当惑しています。事情が呑み込めましたね。あなたを三次元から離さないでいる人間の習慣についてさらに二、三の要因を述べることもできますが、残りを発見するのは皆さんにお任せします。

自分の生活を見直す時間をとって、あなたがなぜここにいるのか、そしてどこへ行こうとしているのかを知ってください。自分のために霊的な計画をめぐらす時間をとってください。後悔することはないと私が保証します。

三種類の人がいます。それは、物事を起こす人、起こったことを見守る人、起こったことについて何も考えない人です。もしこの生涯でアセンションの凱旋車に乗りたければ、あなたは物事を起こす人の範疇に入らなければなりません。言い換えれば、もしこれがあなたの望むことなら、アセンションのこの特別な機会の窓でアセンションの大ホールに入るのを許されるために、あなたの生命の流れに必要なすべてのことを積極的につくり出し、そして遂行しなければなりません。そうでなければ、あなたにはアセンションがこの周期で起こることはありません。アセンションは連想によってではなく、それをつくるための不断の努力と決意によって起こります。

さらに、実際にアセンションが起きるまで、毎日、浄化と変容のプロセスを続けなければならないでしょう。人生の負債のすべてのバランスをとるために、時々たとえどんなことを通り抜けなければならないとしても、ハートの火が十分高く燃えているのなら、この愛は、あなたが潜在的な苦難のすべてを優雅に楽に乗り切るのを見届ける用意ができています。

オレリア――とても簡潔で分かりやすい説明です。

アダマ――多くの人が時間を使い果たしかけていますからね。二〇一二年に惑星規模のアセンションの大パーティーが計画されていますが、皆さんがあまりにも先送りしてきたので、時間どおりに着く旅を受け入れるために残された時間はあとわずかです。ほとんどの人が、肉体的なアセンションをするのに意識レベルで必要とされる真剣さと献身の度合いを見くびっています。もちろん、そのあとで必ず別の機会があって、二〇一二年はこの惑星のアセンション周期の最後ではなくはじまりです。いま先送りしている人たちは二〇一二年の必要条件には合わないかもしれません。その上、かなり後悔することになるのは確実でしょう。

ここでベネチア人パウロをお招きします。彼は皆さんに話しかけるこの惑星のマハ・コハンの役割（聖なるスピリットの代表）を務める人です。

ベネチア人パウロ――私のハートの最愛の子どもたちよ！　私は愛の炎の中で皆さんに挨拶します。聖なるスピリットの恩寵である祝福が、皆さんのハートとまさに魂の内側で、私が歓迎していることを見出しますように！　聖なるスピリットの恩寵と謙虚さは、彼の意識を象徴する純白の鳩のように穏やかに、その存在の敬虔な歌の、甘美で繊細なリズムから引き出されるものです。しかし、その恩寵と謙虚さは西洋のマインドには、しばしば見過ごされています。人が「聞く恩寵」の地点まで来ると、その人の多くの自己の絶えず変化するエネルギーのすべてが静止します。その時、聖なるスピリットの美しさと恩寵、祝福、臨在が流れます。鳩の翼が彼女を高く運ぶように、彼女の自由は「在ること」の中では明らかです。確言することや行うことの中ではそれほどではありません。

人が神聖な自己の導きに従って生きて奉仕するとき、その奉仕には幸福感と満足があります。人が新しい勢いを発展させているときには痛みが増していきますが、両方とも成熟した意識には不可欠なものです。

（聖なるスピリットの）弟子は、彼の生命の流れが熱心で真摯なときには、常に完全な場所にいるための努力をします。完全な場所とは私という実在の叡智が彼に居るように要求するところです。その時、生命は常にその生命の流れに協力し、流れを最大の奉仕と進歩が可能な場所へと導きます。

私たちの言葉はクリスタルのカップと言えます。それは、私たちとの霊的友好関係と親しいつき合いを内なるレベルで覚えている人たちの外側の意識へ、愛と平和を運びます。ハートに内在する三重の炎の磁力的な力によって、高次元のマスターたちの注意が、さらに多く援助するために皆さんに引きつけられます。

人類の経験している不幸や欲求不満、苦悩の主な原因の一つは、彼ら自身の個別化した、私という実在の神聖な指示や、次元上昇した光の世話人の導きに従わない能力と従いたくないという気持ちです。私という実在の指示に楽しく快く啓蒙されて従うことと、不完全をつくる強情で無知な、自由意志の誤用との間には必ず選択があります。それは、それぞれの人と神との間の個人的な選択と問題になります。

しかし人類の一人ひとりは、神の意志を遂行したいという個人的な欲求をもって愛の法則によって生きるようになってはじめて、永遠の幸せや勝利が完遂する喜びを味わうでしょう。そしてそのことが、まだ外側のマインドには分からない平和や豊かさ、無限の愛、霊的拡張をもたらします。

人はその人自身の、個別化された、私という実在との意識的なつながりを一瞬でも破壊したことはなく、一瞬で再び確立することもできません。それには忍耐、粘り強さ、決意、動機の純粋さ、よく発達した識別の感覚、私という実在のハートの扉で不断の警戒をすることが必要です。

神の臨在は、あなたを通して役立つ機会をひたすら待ち続けています。美しく、愛情ある、全能の生命の父なる神は、一貫して聞く姿勢を保っています。たとえいつ呼ばれても、神の愛によってつくられ準備された道具を通して強力な神の臨在が押し寄せて、神は答えます。

いのちの父なる／母なる神の最愛の子どもたちよ、あなたの無邪気な形態がベッドから起きて、その日の第一歩を踏み出すとき、あなたの目が少なくとも聖なる臨在の差し迫っていることを見たなら、あなたは聖なる臨在を待たせ続けている外側の自分の無礼を理解できるでしょう。重要でないことで忙しくしているうちに、時には一日が、あるいは一週間や一生が過ぎますが、神の臨在は今でも恩寵と平和、豊かさ、癒し、愛で、あなたのハートを満たす機会を待っています。

そういうわけで最愛の子どもたちよ、人間という経験のベールの中を進みながら、次のことを覚えていてください。毎朝あなたの足が地面を踏むとき、もしあなたが招くことを選ぶのなら、神の臨在が一日をあなたの神性でたっぷり満たすのを待っています！　皆さんがこれらの言葉を読むとき、神の臨在が皆さんの理解を超えた豊富な愛と平和で一人ひとりを祝福するために待っていることを、今日記憶してください。毎日それぞれの時間が愛と平和と調和で満たされるように、神の臨在を召喚してください。愛と平和と調和はやすらぎと完全性を経験する生活を光輝あるものにします。

聖なるスピリットの弟子のための行動規範

一、神の完全な表現を体現したいという大望を常に意識しなさい。その目的にあなたの存在と尽力のすべてを捧げなさい。

二、無害でいることを学びなさい――言葉、考え、感情のいずれも、命あるものに害悪や被害を与えることがなくなります。行動による暴力や肉体的暴力が苦痛、苦悩、死の領域にあなたをとどめることを知りなさい。

三、軽率にあるいは故意に、兄弟の感情の海を荒立てないように。あなたが彼の気持ちを嵐の中に置きたいのなら、その嵐は遅かれ早かれ、あなた自身の生命の流れの銀行に流れてくることを知りなさい。そうせずに、常に静けさ、愛、調和、平和をすべての生命にもたらしなさい。

四、個人的および惑星的な間違った信念から、あなた自身を切り離しなさい。決して宇宙の調和より小さな自己を愛してはいけません。もしあなたが正しければ、それを称賛する必要はありません。もしあなたが間違っていれば、許しを祈りなさい。

五、体は聖なるスピリットの住む聖なる神殿であることを知って、すべての場所で平和と啓蒙を生命にもたらしながら大地をそして世界中を穏やかに歩きなさい。愛と真実のスピリットの住まいにふさわしいように、あなたの神殿をいつも尊重してきれいに保ちなさい。粗野な外見の内側にはしばしば大きな光が燃えていることを心得て、他人のすべての神殿を穏やかな威厳をもって尊重し敬いなさい。

六、自然のある場所で、自然の王国の美しさと贈り物を穏やかに感謝して吸収しなさい。下劣な考えや音や感情、あるいは人跡未踏の美しさを略奪する物理的行為によって、彼女の神聖を汚してはいけません。地球を敬いなさい。彼女はあなたの進化の道を世話している「母なるもの」です。

七、もし意見を求められなければ、また導きを求める祈りと無言の呼び出しのすぐあとは、意見をまとめたり申し立てたりしてはいけません。神があなたを通して何か言うのを選ぶときに話しなさい。それ以外のときは、ほとんど話さないか穏やかに黙ったままでいるのが最善です。

八、あなたのハートに神への感謝と喜びの歌を歌わせなさい。あなたが受け取ってきたことと、今という瞬間に持っているもののすべてに対して、いつも感謝しなさい。聖なるハートに内在する生命の川、愛と豊かさの川に触れなさい。

九、話すときや行動するときは穏やかになりなさい。しかし、あなたという神殿の中に住む神の臨在を、常に伴う威厳を持ちなさい。あなたという存在の全能力と、あなたの性質が内的に発展する全過程を、絶えず神の下に置きなさい。苦しんでいる人たちに会うときは、完全な思いやりを体現する努力をしなさい。

十、話すときは、穏やかに謙虚に愛情ある受け答えをするようにしなさい。謙虚さの印象を、無気力と間違われるのを許してはいけません。なぜなら主の召使は、天にある太陽のように、愛の贈り物を受け取ろうとハートを開いている人たちに永遠に気を配り、絶えず愛の贈り物を注いでいるからです。

瞑想

クリスタルローズの愛の炎の神殿への旅――アダマ

この神殿は、エーテル界にある愛の光線の神殿の一つです。第三光線の大天使、チャミュエルとチャリティの愛の炎によって守られ維持されています。それは北アメリカの南側に位置するミズーリ州のセントルイスの上に位置しています。カナダのウィニペグ湖近くのエーテル界には、第三光線のエロヒムであるヘロスとアモラの静修地《リトリート》があります。神聖なその二つの静修所の間に愛のアーチが架かっています。

この北アメリカの神殿から、愛の光線が放射されています。それは創造性の流れです。この静修地からの愛の炎は、ハートの寛容さと与えること、許し、慈悲を促します。愛の莫大なエネルギーは他のすべてへと溢れ出て、この神殿を訪ねる人が自分と世界のために愛の性質をもっと保有することを助けます。その静修地の祭壇と炎は創造主のハートから生命の流れに捧げられ、キリストのハートへ向かってから、人のハートへと流れていきます。

では皆さん、私と一緒に来てください。マスター・ベネチア人パウロの愛を通して聖なるスピリットのエネルギーに伴われて、北アメリカの愛の神殿へ来てください。

目を閉じて、数回、深呼吸してください。今、私たちがあなたに差し出しているエーテル状の乗り物（訳注15＝マカバ・光の乗り物）で、私たちと一緒に来ると意図を設定してください。あなたは、あなたの光の体の乗り物で移動しています。このことを意識的に覚えているかもしれませんし、覚えていないかもしれませんが、どちらでも効果は同じです。想像力を使って、私たちがあなたに提案していることについての鮮やかな印象をつくってください。そうすればその旅は、あなたの魂と細胞の記憶の中に刻まれて残るでしょう。必要になれば、詳細をすべて思い出すとはかぎりませんが、確実にあなたはこの経験を通して受け取るエネルギーを利用できるでしょう。

このような旅に専念すればするほど、高次の波動の記憶と知覚を遮っている、幻想という自分自身のベールを薄くするのに役立っていることも知っていてください。あなたのために、あなたと一緒にこの旅を手伝うように大いなる自己に頼んでください。そしてハートを開いて、可能なかぎり最高レベルでこれを内なる世界で実現させてください。

私たちは今シャスタ山のあなたの家から、荘厳なクリスタルローズの愛の神殿へと空間を旅しています。そこに到着する前でも、あなたのまわりに流れている愛のクリスタルローズの花弁の芳香を感じてください。皆さんは、とても小人数のグループが聖なるスピリットご自身の惑星代表によって個人的に同伴される特権の恩恵を大いに受けています。それどころか、これは稀にしか起こらないと言ってもいいでしょう。この部屋にいる皆さん全員に教えましょう。あなたの道へのあなたの愛と忠実な尽力のおかげで、彼はあなたにその恩寵を与えています。

最愛の皆さん、息を吸い込んでください。リラックスして、完全に、この経験に任せてください。あなたがつくれる最大の魂の刻印を持って帰るために、できるかぎり取り込むように息を深く吸い込んでください。こうすることがもっと調和的に、そして直接、あなたの道を向上させるのに役立つでしょう。

（短い間を置く）

今、私たちは半透明のクリスタルローズからなる多層の大きなドームの前にいます。あなたはこれまで、あなたの世界でそのようなものを見たことがありません。あなたの言語の語彙の中には、その構造物を描写する言葉はありません。それほど美しく優雅で、チャミュエルとチャリティの大天使の愛の創造性によって築かれています。

純粋な愛のエネルギー光線が、ドームの中心から大気へ放射されて、創造主の愛を全方向に何百キロメートルも発しています。ほら、とても驚くべき光景ですよ！

ビロードのようなクリスタルローズの絨毯《じゅうたん》の上を歩くことにしてください。足元の絨毯は神殿の入り口まで続いています。あなたはマハ・コハンご自身と一緒なので、ここに入る許可証を示す必要はありません。大天使の周波数がとても高く純化されているため、最低でも愛と調和の四次元の周波数をいつでも維持できて、叡智のマスターの一人に付き添われていなければ、魂はここに入ることを認められません。

あなたが神殿の入り口に近付くと、三・六メートルも背丈がある愛の光線の天使が数人いて、マハ・コハンの偉大な光にお辞儀をします。彼らはまた私の光とあなた自身の内部の光にもお辞儀をして、あなたに入るように言います。

皆さんの一人ひとりは、これらの神殿の守護者の一人にエスコートされます。この神殿はローマのカソリック教会のバチカン宮殿よりも三倍大きく、この神殿の多くの活動のために、さまざまな次元のエネルギーの区画が多くあります。

あなたは、あなた自身のハートの進化度に合う区画に連れて行かれます。あなたは今、長い廊下を渡っていますが、そこはあらゆる大きさの何千もの愛の炎の天使たちでいっぱいです。最も小さなケルビムから最も大きなセラフィムまで多様な天使がいます。実に、あらゆる次元からの天使王国の十二の聖歌隊すべてが代表としてここにいます。

あなたが廊下を歩いていると、純粋な愛のエネルギーでできた多数の噴水と滝が、さまざまな場所から噴き出しています。それらの噴水と滝から放たれるエネルギーは、創造主のハートへ、母なるものへ、この惑星上の全部の次元で進化している全王国へと、愛と感謝の歌を絶え間なく歌っています。この中には地上の人類も含まれています。もしあなたが許可するなら、この愛の旋律は、ハートがとても長いあいだ溜め込んできた多くのかすを溶かすことができます。あなたのハートに耳を傾けて、あなたのハートを愛の永遠の川の水から出てくる愛の歌のエネルギーと融合させてください。

地上の鳩よりかなり大きな、純白の愛の鳩が癒しの輝きをあなたに送ります。神の愛の驚異が、いのちを愛して愛の永遠の法則に従う人たちに授けられるのを待っています。その神の愛の驚異を見て、感じて、観察する時間をとってください。あなたを急がせている人は誰もいません。あなたは時間を超越した領域にいることを覚えていてください。また、この神殿の小道を美しく飾る、第三光線の多種多様の花々、植物、果物の愛の歌に耳を傾けてください。その芳香や旋律の甘さから癒しを受け取るようにしてください。鳩たちもまた、あなたが「あなたの臨在の太陽」に戻るこれから先の旅を元気づけるために、あなたのハートとつながることを望んでいます。魔法の純粋な愛のエネルギーを描くこの廊下を歩くことは、ここでの経験に欠かせないものです。もし何か質問があれば、各自の天使的なガイドが喜んで答えようと待っているので、ガイドに聞いてください。（間を置く）

今、入り口の右側を見てください。あなたのガイドが、自分のあとについて宇宙愛の永遠の炎のホールに入るように、とあなたに言っています。これはまた別の炎で、万物の父である創造主の栄光を称えるために、永遠に燃えている不滅の炎です。宇宙の法則により、創造主の愛とエネルギーを受け取っている全惑星は、その住民のハートの火によって毎日その一部を生成し、創造主に返さなければなりません。この惑星上では、人類が戦争と分離の旅をしてきて永い間このことを怠ってきたので、テロスにいる私たちと、内なる地球と他の地下都市の多くの存在が、皆さんの代わりにこうしてきました。皆さん全員が、自分たちでそのレベルの恩寵と感謝を創造主へ返せる霊的成熟度を達成する日まで、私たちはこれを続けるつもりです。

生命への奉仕として、クリスタルローズの神殿で働いている人たちは、彼らのハートの愛の火を通して愛の永遠の炎の世話もしています。私たちが無尽の炎と言うときは、永遠に高く炎を燃やし続けるために、愛の火を養い、そして火の番をする唯一の要素が、神殿で働く人たちのハートからの愛の火であることを意味しています。実際、すべての活動が、同じエネルギーを保っている他の愛の神殿と組み合わさって愛の網《ウェブ》をつくり、ここに生きている地球の文明とさまざまな王国の全体を養っています。

この炎はたいへん穏やかで強力で、三〇メートル以上に燃え上がり、その直径は約二・七メートルあります。その強さの源は穏やかさという力です。それはこの上なく幸せで、楽しく、陽気です。それは創造主が彼の創造物に、そして彼のハートの多くの子どもたちに向けて授けることのできるすべてのものを含んでいます。それには限りがありません。

今、時間をかけて、もっと深くその炎を吸い込んでください。その炎と深くつながり、その炎であなたのハートを溢れるまで満たすようにしてください。そして愛の腕に抱かれてリラックスしてください。なんと素晴らしい！（間を置く）

あなたのハートが最大許容量まで満たされてきたと感じたら、クリスタルのマカバがあなたを肉体に連れて帰るために外で待っているので、静かに歩いてマカバまで戻ってください。今日、あなたに与えてくれた恩寵と、将来、読者の皆さんがこの教材でワークすることに対して深く感謝して、ベネチア人パウロにお礼を述べてください。用意ができたら、目を開けて肉体に戻ってきてください。

以下の言葉で瞑想を締めくくります。私は皆さんに、ハートの火をより大きくする必要があると思うときにはいつでも、意識の中でそこに戻ることを強く勧めます。テロスでは、私たちは皆さんをたいへん愛しています。私たちの愛は旅の終わりまであなたの行程に付き添います。

オレリア――私はここにいる小グループを代表して、アダマが私たち全員にしてくれることすべてに対して深く感謝します。それから私はまた、ベネチア人パウロが今日私たちに授けてくれた愛と恩寵と祝福に対してても感謝します。

アダマ――いや、どういたしまして！

「聞く恩寵」の地点に到達するとき、
その人の多くの自己の
やむことのないエネルギーが
すべて動きを止めるとき、
そのとき聖なるスピリットの
美しさ、恩寵、祝福、
臨在が流れるのである。
鳩の翼が彼女を高く運ぶように、
彼女の自由は「在ること」の中で明らかだ。
確言や行うことの中ではそれほどではない。

――マハ・コハン、ベネチア人パウロ

第15章

浄化と変容のアセンションの炎——第四光線の活動

テロスのアセンションの神殿への瞑想 アダマ、セラピス・ベイを伴って

レムリアのハートから愛と平和を送ります。私はアダマです。第四光線のマハ・コハン（長）である最愛のセラピス・ベイと一緒です。私の光の祝福とその中にある勝利を皆さんに送ります。私たちは心からの歓迎の言葉を皆さんに述べています。

今日は、アセンションの炎とその驚くべき働きについて話したいと思います。この聖なる炎の働きは、アセンションという目的へのあなたの道を促進できます。この輝かしい浄化の炎を意識して使う方法をもっと明確に理解すると、あなたは全部のチャクラの浄化とDNAの活性化のプロセスを加速し、肉体のアセンションのためにさまざまな体の細胞を準備することができます。友人たちよ、控え目に言っても、これは素晴らしいことです。

エジプトのナイル川の岸沿いに、光の大いなる白色同胞団《グレート・ホワイト・ブラザーフッド》の活動拠点が存在しています。その活動拠点は、あらゆる生命の流れにとって「故郷へ戻る道」である、アセンションの宇宙的な炎の保存に捧げられていま

ます。

す。今、私と一緒にマスターのセラピス・ベイがここにいます。彼は、ルクソールの荘厳なアセンションの神殿の守護責任者でコハン（長）です。アトランティス崩壊以来、この地位に就いてこの惑星に貢献しています。

彼は今日、同じようにその仕事を専門にしてきたマスターたちのチームと一緒に来ています。彼らはアセンション同胞団《ブラザーフッド》としても知られています。このマスターたち全員が、今アセンションの炎の浄化する火を通して、愛の霊薬をあなたに差し出しています。愛する人たちよ、これを吸い込んでください。これはあなたへの贈り物ですから。これらの献身的な存在は、ついに来たこの時のために人類の進化を計画しながら、何世紀も私たちの兄弟セラピスと緊密に連携して働いてきました。彼らはこの先の惑星のアセンションに向けて、私たちの惑星と人類の意識を上げる準備に彼らのエネルギーを充てることで、いのちに奉仕しています。

ルクソールのアセンションの神殿はアセンションの炎の振動を大気圏内で維持しています。またテロスにあるアセンションの神殿も同じように聖なる炎を維持しています。この二つの神殿が意識とエネルギーを一つにして、次元上昇する人類の利益のために、日々、絶えず地上のすべてのものを祝福し、愛しているところを視覚化してください。

毎年、春の季節がめぐってくると、自然の美しさが至るところで新しく復活するのを助けるために、この聖なる炎は自然の王国の存在たちによって自由に広く使われます。アセンションのプロセスによって転生の周期を完了させたいと申し出ている地球にいる各魂は、アセンション同胞団とキリスト庁の指導下に置かれます。

この大ピラミッドはとても長い間、その場所にありましたが、二百年前にその大量の活動と記録がテロスに移動または複写されました。当時この再配置が実施されたのは、この惑星の霊的な管理階層がその地域で未来に起こりうる問題を予見できたからです。その頃、兆しが見えた局地的または世界的規模の大洪水によって、その聖なる拠点のすべての記録とエネルギーを損なうわけにはいきませんでした。ですから今、テロスはルクソールの偉大なマスターたちと完全に一つになり協調していて、この惑星のためのアセンションの主要な拠点になっています。私たちは皆、集団の利益のために完全に調和して共に働いています。これは五次元のやり方の一つです。

その当時下された判断は、この重要な惑星の拠点の一部をより安全な地下に置いて、そしてその原初の純粋さと神聖さの中で守り、テロスの私たちのような大人数の次元上昇した存在によって育み、敬うのが最善であるということです。

この惑星には今、アセンションの主な活動拠点が二つあるように見えるかもしれませんが、私が言っていることは、実は、私たちにとっては一つしかないということです。私たちが機能している次元においては、本質的に、皆さんのほとんどの人が理解しているような時間や空間は存在しません。すべてが一つです。

アトランティスとレムリアの沈没後、地上の住民は今日までお互いに戦い続けてきました。最愛の皆さん、このことに対して希望と勇気を持ち続けてください。それはもう長くは許されないので、このような意識は終わりを迎えて癒されますから。

テロスでは、二つの大陸の崩壊後すぐに、この惑星の存続を確実にするために、この惑星への大きな奉仕として、人類のためにアセンションの炎を保つ任務を進んで引き受けました。これが、私たちがそのような大奉仕の機会を与えられてきた理由です。私たちは今日あなた自身のアセンションのために、あなたのハートの内部でこの驚くべき炎を受け入れて拡大する機会を、私たちのハートの愛から差し出します。最初にハートが次元上昇して、それから残りが続くことになるでしょう。

すべての人はやがてそれぞれ独自のやり方でこの状態に到達するでしょうが、私たちが達成しているレベルを維持するために、私たちには決して妥協できない光の基準と周波数があります。同じことがアセンションを志望するすべての人にも要求されます。ですから皆さんは帰郷への全行程を歩くことを嫌がらず、また存在の永遠の状態としての周波数を維持できなければなりません。

オレリア――人類のほとんどは二〇一二年までに次元上昇しますか?

アダマ――どのくらいの人たちが二〇一二年までにこの惑星とともに次元上昇するのかは、まだ分かりません。惑星上の七十億人のうち数百万人はその可能性があると見ていますが、この人数は個人と集団の選択によっていつ変わるかもしれません。自分を「ライトワーカー」と呼んでいる人たちが、二〇一二年までに全人類が無条件に五次元へ次元上昇して、あとに残る者はいないと言っているのをよく耳にします。しかし「そうではない」と反論します。究極的には誰もあとには残りませんが、すべての人は最初に自分自身の内的なワークをして、壮大な「アセンションのホール」へ招かれる前に自分の意識をそこまで進化させなければなりません。

地球全史上において以前には見られなかったほどの大きな援助が人類に差し出され、アセンションのプロセスは以前よりは簡単になるでしょう。けれども必要条件のすべてを満たして意識の中でこの周波数に達しないかぎり、時の周期の中でたとえどんなに長くかかるとしても、皆さんは誰一人、アセンションのプロセスに持ち上げられることはないでしょう。大きな抵抗を持つ人たちの場合は、数回以上の転生を要するかもしれません。

間違った信念体系のすべてを癒して変容すること、愛や無害であること、あなたの神性の真実を受け入れることが、アセンションを志願する人たちに求められるでしょう。二〇一二年という年は、この惑星のアセンション周期の最後ではなく、驚くべきはじまりなのだと理解してください。地球が完全に栄光と運命を達成するという意味において、完全な惑星的プロセスは千年計画です。二〇一二年には地球自身が、必要条件のすべてを満たした人たちと一緒に、光の中で輝かしいアセンションを開始します。

二〇一二年以降は、地上で転生中のすべての魂は彼らの進化を続けて、魂のレベルで準備が整ったときのみ次元上昇します。ある人は六カ月かかるかもしれませんが、別の人は二年あるいは五年か八年かかるかもしれません。多くの人は、二十年から五十年、またはそれより長く経ってから次元上昇するでしょう。

また、あなたはアセンションへの通過儀礼のプロセスに専念して、この卒業のための前提条件をすべて首尾よく満たす必要があるでしょう。それぞれの人の旅は独特です。通過儀礼のプロセスは誰のものも似ていますが、その人独自の道筋に従って、魂ごとに違う展開をします。

この時期すべての人が例外なく、アセンションの機会を差し出されていることは確かですが、誰もが皆、それを選んでいるわけではないことにも気づいてください。分離を経験しつづけることを選ぶ最愛の魂や、まだこの進化の段階の準備ができていない魂は、どこか他のところで彼ら自身のペースで進化を続ける機会を与えられるでしょう。アセンションの恩寵は、いつかあとで彼らがアセンションを要請するときに再び差し出されるでしょう。ゆくゆくは、すべての人が創造主のハートの愛の周波数へと戻ります。このように、誰もあとに残されません。創造主の最愛の子どもたちとして、皆さんはとても荘厳な愛の波動から、いつかは戻る運命であるこの愛の波動に向かって創造されてきました。

オレリア――アダマ、この炎について描写してもらえますか？

アダマ――この炎は他のすべての炎の周波数と色を含んでいます。あなたはこの炎を明るく白く輝くまぶしい光として見る、あるいは経験します。その光は、愛の完全さに至らないすべてのものに触れると、それを消滅させます。その力と輝きは無限です。それは世界を完全に調和して美しく維持します。

その炎を呼び出して一緒にワークする人たちは、変化の準備をしなければなりません。その炎に触れられたら、あなたは決して同じではいられません。もちろん、すべての人がその炎とワークできますが、炎の強さが最も強いときには、アセンションの入り口に到達した求道者を完全に変容する能力を持っています。あなたが最終的に進化におけるこの跳躍の用意ができたとき、あなたは荘厳なアセンションのエネルギーの周波数に浸されます。それはあなたをその最終段階に進ませます。最終段階では、その愛の火が人間の制限をすべて消滅させて、あなたの完全な意識が復活し、そして肉体が完全に不滅になります。その時、あなたは次元上昇したマスターとして、「不滅なる者」の仲間入りするよう招かれます。そして霊的自由のとても輝かしい状態に入って、創造主と彼のハートに内在するすべてのものと再び意識的につながりはじめます。我が友人たちよ、このようにアセンションの炎はとても力強いものです。

オレリア——どうすれば意識的にこの周波数のレベルに達して、それを維持できますか？

アダマ——この情報は、とても長い間に何度も、またこの時代にも幅広くさまざまな文章やチャネリングを通して地上の人びとに与えられてきました。とても多くの包装と色と平易さで与えられてきたので、皆さんはそれを認識しそこなっています。もしあなたが、接する叡智の教えと鍵をハートを通して完全に熟達して統合し、そしてあなたがそれにならないのなら、叡智の教えと鍵はすぐに忘れるマインドのガラクタの中で「単なる情報」のままです。結局、それはあなたの意識の進化を促しません。私たちは、何百冊も霊的な書物を読んで、精神的な知識を多く持っている人たちを知っていますが、彼らは神性を体現するところまでこの知識を統合してこなかったので、彼らの霊的な進歩はほんの僅かにとどまっています。

はっきり言えば、皆さんはそれくらい多くの本を読んで、それくらい多くのセミナーや会議に出席して、それくらい多くの情報攻めにあっています。多くの人にとって、それは今日まで単なる「情報」にすぎませんでした。マインドは情報を処理できず、まして統合もできません。その仕事ができるのは人間のマインドではなく、皆さんのハートだけです。

私たちが以前に言ったことを繰り返しますが、もう一度、手短に私に説明させてください。他の人たちもまた述べてきたことです。もし私たちが何度でも繰り返せば、あなたはやがて、進化を推し進める努力の周波数を維持できるほど十分に理解するでしょう。私たちが何度も言ってきたように、「アセンション」はそのように多くのことをする必要はありません。それは、あなたの姿そのものである神／女神としてあなたが生活を送るようになることであり、受け入れること、覚えていることなのです。すなわち愛の存在として意識を拡張することによって、あなたの中にすでに存在する神性を完全に受け入れるようになることです。そしてハートの叡智から生きることです。最愛の皆さん、それはそのように単純なことなのです。もしあなたがこのようになれば、他には何もいりません。このすべてがすでにあなたの中にあり、生きています。念のためにもう一度言うと、真我の外側には何も存在しません。

通過儀礼の道は、アセンションの決まりごとを通して、あなたを地球のカリキュラムからの卒業に導きます。その通過儀礼の道について理解または考慮されるべき主要な点や指針を挙げましょう。

・このプロセスは、神／愛の腕の中への変容や、復活、アセンションを妨げているすべてのものを完全に浄化し、癒すことの一つです。つまり、あなたの威厳と記憶を回復することです。その結果、あなたは「一なるもの」の世界に入って、再び、天の父／創造主の神聖な子どもたちとして生きるでしょう。

・各次元が、ある特定の周波数を表わしていることを理解しなさい。あなたが意識の中でその周波数に達していつでもそれを維持できる能力を持ったときに、その時だけ、あなたは五次元に入れるようになります。

・「在り方」として、いつでもマスターのように話して、行動して、ハートから生きなさい。常に「マスターならあれこれの状況でどうするだろうか、何を言うだろうか?」と自問しなさい。それから内へ入り、答えを見つけなさい。もしよく分からなければ、紙とペンを持って、望むならロウソクを灯して、そして内側で答えを見つけると意図を設定しなさい。内なるマスターはいつも目覚めていて注意を怠ることなく、あなたが認識するのを永遠に待っています。

・ありとあらゆる形をした分離や二元性、両極性、ドラマの三次元的な意識を手放しなさい。二つの力を信じることをやめて、そしてあなたの力と貴重なエネルギーをこの三次元の密度の幻想の力に渡すことをやめなさい。これまで学んできたことで、あなたが熱望している結果を与えなかったことをいっさい捨てるようにしなさい。新しいことを学ぶように準備して、進んで学び、愛と魔法の未知なる現実に踏み込む勇気を持ちなさい。愛が、存在する唯一の真の力であることを認識し、その波動の周波数から、内側から外側へ向けて生活を送りはじめなさい。

・自分と他人について、あなたの人生がどのように展開されるはずかについて、あらゆる判断と期待を手放しなさい。あなたの神性の輝きの中で「あなた」の驚異と威厳のすべてに気づいて受け入れるようにしなさい。そして深い喜びと感謝の中で、あなたの目の前でそれを展開させて変容させるという大冒険を受け入れるようにしなさい。

・謙虚さという旗印と神聖な誓約への快い降伏を受け入れなさい。もしそれらがどういうことか分からなければ、それらはあなたの聖なるハートの多くの部屋《チェンバー》の中はもちろん、まさにあなたの細胞とＤＮＡの内部にも書かれています。進んで時間をとって、内に入って調べなさい。

・あなたの偉大な、私という実在との意識的な合一と、あなたの神聖な計画の実現を達成しなさい。アセンションはあなたの荘厳な、私という実在との統合、つまり神聖な合一へ溶け込むことです。あなた自身のこの輝かしい面を体現するためには、合体したいと思う真我のそのような面となじんで親しくすることが明白な必要条件です。あなたは真我のそのような面を知って理解するために時間を費やしてきませんでしたが、そのように関心がなかった面と、どのように一体化して次元上昇するつもりなのですか？

私たちはチャネリング・セッションで、あなたにとってアセンションが何を意味するかと人びとに尋ねることがありますが、その答えには驚かされます。私たちが受け取る答えは、次元を変えること、すべてのことを現実化できること、もはやお金に制限される必要がないこと、瞬間移動できることなどです。これらはアセンションの贈り物や結果にはなりますが、根本要因ではありません。その要因は「あなた」です。最初にあなたの神性を理解してから日常生活でそれになるというあなたの段階です。

・この惑星をあなたと共有するあらゆる生命形態の尊厳と、さらにここで生きているすべての人の神聖な権利も尊重することによって、無害の意識を受け入れなさい。

・あなたの人生を動かしている古いプログラミングと、あなたの意識・無意識・潜在意識の記憶の中で蓄積されたネガティブな感情をすべて手放しなさい。人生で背負った負債のすべてのバランスをとることも含みます。あなたはすでにこれらの問題について多くの教えを受けています。

・個人個人が過去に人生に対して重い負債を背負ったと感じるとき、彼らはよく重いカルマという考えに取りつかれます。彼らは感情体の中に一種の無気力をつくり、それが負債のバランスをとりはじめたいという望みを妨害します。その無気力が強すぎて、熟考すらできないようにも思っています。

・個人個人が自分の負債を軽いと信じて、負債を聖なる火の中に着実に放す気になると、喜びが大きく解放され、自分の存在全体を流れます。喜びの感情は、意識の中で負債の記録を保っているエネルギーのコイルに柔軟性をつくる傾向があります。その結果、エネルギーのコイルの中の緊張をほぐして、その人はすべての通過儀礼を通して自由に、もっと楽に、優雅に、かなり素早く進めます。

・誰かが影の創造のバランスをとって進むことを最大限に援助する態度には、二つの要素があります。多くの人の間で中心となる人は、常にあらゆる瞬間で、自分自身と仲間、この惑星、この惑星を共有する他の王国のために、たとえどんなことでも創造それ自体に感謝して、すべてを愛の行為として行う生き方を採用すべきです。第二に、感謝の態度があなたを大いに手助けすることにもなります。

・道を最後まで歩こうという意欲をもって、アセンションと不滅への本物の願望を育て拡大しなさい！意識の中でアセンションと不滅への本物の願望を抱かないかぎり、長い間あなたと人類を苦痛の中に閉じ込めてきた三次元での古い生き方を進んで取り除こうとしないかぎり、叡智のマスターたちによって示された道を歩こうとしないかぎり、あなたは内なる世界でアセンションの真の候補者にはなれません。

アセンションへの探求において、愛の力は燃えるような熱とならなければなりません。その熱が創造の必滅の要素を溶かして、アセンション候補者を不滅の愛と光の海という大宇宙へ推し進めるでしょう。

セラピス・ベイ――真実の探究者を自称する人たちが、光の霊的階層と大いなる白色同胞団との接触を切望していますが、偉大なマスターの教師たちの直接の導きや指導下に入ることが必要です。熟達、達成、自由、勝利、アセンションの道は通過儀礼のプロセスを通じてのみ成し遂げることができます。かつてこの惑星かどこか他の場所で次元上昇した偉大なマスター全員にとって、アセンションの炎は常にずっと最も重要な鍵です。それは、すべての魂のために不滅の扉を開けるものです。

私はとても長い間、アセンションの炎の中で見張って、案内して、立ち続けてきました。人類が五感の愚行とともに、また五感の愚行を通り抜けるときに、彼らの神性の地所に戻れる方法や手段になるためです。「人類の堕落」以来、もしアセンションの炎を守護している光の同胞団が存在していなければ、人類が故郷に帰る方法はないでしょう。もしも故郷に帰る方法がなかったらどうなるのだろうか、と存在の奥底で考えたことがありますか?

この目的のために、私たちの多くは、一時的に暗いこの星の上でずっと愛の囚人となっています。テロスの光のレムリアの兄弟同胞は、この惑星のアセンションの寝ずの番をしている私たちに、やっと加わりました。私たちは何千年もの間、一緒になって、人類のために愛と光の炎を保ってきました。それは皆さんがこの惑星の責任にも参加できるほど成熟する、そういう日まで続きます。

私は、皆さんが浄化の火を経験するよう取り計らうことに専念しています。また、次元上昇した状態を達成する機会を求めてきた皆さんが、その輝かしい勝利が現実となるまで、怠らずに確固としたままでいるように注意することにも専念しています。私たちは長年の心の友です。

ロード・イエス/サナンダからの引用

「私はその時の至高の栄光を知っているので、愛しい神の子のそれぞれにその輝かしい瞬間の準備を促さざるをえない! その時が来て光の父からの呼び出しがあなたのハートに届くとき、あなたはまた人間として転生することの完全な真の目的が分かるだろう。それは、生と死の紡ぎ車をなくして、あなた自身の内部の光の太陽になる準備を、そしてエネルギーや波動のマスターになる準備をあなたの意識にさせることだ」

ルクソールとテロスのアセンションの神殿を訪ねることに興味ある人たちには、意識の中でアセンションの作用である、上昇していく、弾むような、楽しいエネルギーを持ち帰ってもらいます。この炎は肉体はもちろん、内なる体の元素的な物質にも入り込み、熱心に呼び起こされたときには「パンの酵母」のように作用します。純白の炎が志願者の体——肉体・精神体・感情体・エーテル体——の物質を通過するとき、それは原子の振動する運動を加速し、各電子はそれ自身の中心軸のまわりでもっと早く動きます。これによって、電子のまわりの純粋でない不調和な物質を排除し、あらゆる体のリズムを速めます。その時、これらの体は高次領域のより細かい波動にもっと敏感になります。彼らの意識はもっと真実に合うようになり、重力の引きは軽くなり、歪んで間違った、自我のさまざまな信念も減少します。

自己の熟達、神の叡智、平和、調和、完全な健康、無制限、常に与えられる供給の状態へ次元上昇するために、アセンションという大きな贈り物の志願者は、ハートの中で神の臨在を完全に信頼するようにならなければなりません。アセンション同胞団の弟子たちには、意識を外側の世界から内側へと向けることが定められています。内側へ向かうとついには、神性の座であるハートの中心の内部から、あなたの神性の本質の完全性を物理的顕現で表わす必要のあることは何でも、自由自在にそこに引き出せるようになります。次元上昇させる、その極上の炎を通して、すべてが浄化され変容されなければなりません！

テロスのアセンションの神殿への瞑想と旅

アダマとセラピス・ベイ

今夜は名誉なことに、ここにルクソールのアセンション同胞団から十二人の方が見えています。彼らと私たちは今、皆さんをテロスのアセンションの神殿へ私たちと一緒に旅するよう招待します。

あなたがマスターのように、この通過儀礼を望むなら、あなたの大いなる自己とガイドたちと一緒に、この経験をするため私たちとともに行くという意図をハートの中で設定してください。

今、エーテル体で行く選択をした人を連れて行くために、五次元から眩しい白い光のマカバが近づいてきます。では意図によってその光の乗り物に乗り込み、席に着いてください。ハートの中心に集中して準備しはじめることをお願いします。そして、すでにあなたを包んでいるこの炎の軽快な楽しいエネルギーを感じて、そして知覚するようにしてください。この旅の間は、できるだけ深い呼吸を心がけるように勧めます。この炎のエネルギーをできるかぎり取り込んで、あなたの外側の気づきへ持ち帰るためです。この経験は、あなたの主な体と多くの精妙なすべての体のあらゆる細胞・原子・電子のために、あなた自身のために、浄化のプロセスを新たなレベルに点火する新たな機会です。

おっと！　私たちはあまり遠く離れていないので、もうそこにいます。できるかぎり意識してこの経験に心を開いて、楽しんでください！　この神殿は巨大で、とても高く、きらめく白い光の四側面のピラミッドとして建てられています。もしあなたがエジプトの神殿へ行ったことがあれば、それとはまったく同じでなくても、多くの点で似ていることが分かるでしょう。もちろん、この二つのアセンションのピラミッドの五次元的な要素は、エジプトの三次元のピラミッドと比べて、実際はるかに壮麗で、優雅で、壮大です。エジプトでは五次元のピラミッドに対応する三次元のピラミッドが外側にあるので、皆さんの肉眼で見ることができます。テロスのピラミッドはルクソールのように三次元の対応物を持たず、その力と美しさは驚くべきものです。マカバから降りて、私たちのあとについて、「変容のホール」まで来てください。そこで、それぞれの人はアセンション同胞団のガイドを紹介されます。そのガイドがあなたのここでの経験を助け、エスコートします。

この神聖な空間の空気やエネルギー、力、輝きを感じてください。また、あなたのガイドに注意を向けて、明快にしたいことについて質問するよう勧めます。愛する人たちよ、これはあなたの経験なので、あなたが自分の望むようにその経験をつくります。私たちの役割はただ私たちの愛と叡智をあなたに添えることだけです。

時々、あなたはそのような輝きで目が眩みそうになりますが、それでいいです。あなたは今、この上なく美しい廊下を歩いているところです。その廊下は原子を加速する部屋《チェンバー》に通じています。あなたの肺と意識をこの美しさと喜びで満たしつづけてください。あなたが歩いていくと、この神殿で奉仕している存在やここへ来ている存在が大勢いて、あなたに気づくと、微笑みを浮かべ、身振りで友情を示してあなたに挨拶します。皆それぞれのやり方であなたを歓迎し、あなたに祝福を送ります。通常は、この神殿のホールはアセンションへの立候補が受け入れられた人のためだけに開かれています。

原子の加速部屋の守護者たちがあなたに歓迎の言葉を述べます。あなたは今この大ホールへガイドと一緒に入っていきます。とても大きな部屋で、まばゆい白いクリスタルの数百の小さなピラミッドが、その部屋の中央にある炎を中心に、円形に囲んでいるのが見えます。アセンションの不滅の無尽の炎が明るく燃えていて、その驚異と荘厳さに襲われる感じさえします。炎の高さは約六〇メートルあり、底辺の直系は約三〇メートルあります。

その力にあなたは圧倒されんばかりです。いったん、あなたのエネルギー・フィールドでこの炎を深く経験したら、以前の共鳴レベルに戻ることを意識的に選択しないかぎり、自分がすっかり変わることが分かります。大きく押し寄せる力にもかかわらず、このエネルギー・フィールドからつくられる音楽の旋律を除けば、その炎はどんな音も立てません。甘い芳香があなたの周波数の上昇を促していて、その芳香もアセンションの炎のエネルギーから放たれていることに気がついてください。

あなたは今、ガイドと一緒に炎のまわりを歩いて、今日ここで受け取れる霊的な贈り物のすべてで自分を満たします。ガイドはすでにあなたのために小さなピラミッドの一つを選んでいて、やがて次の体験のために、その中に入るようあなたに勧めます。これらの小さな光のピラミッドは、それぞれ原子加速器を内蔵しています。その加速器は、あなたがくつろいで座ると、あなたの波動をあなたにとって快適なレベルに上げるのを助けるものです。これらの加速器は皆さんをアセンションの波動と不滅までずっと上げていけるように設計されていますが、これが今回の目的ではありません。実を言えば、あなたは次のレベルへちょっと一押しするためにここにいます。それは人によって違います。各自が受け取る加速のレベルは、その人の通過儀礼の段階や、その人の道における準備の度合いで調整されます。

心配しないでください。この時期に完全なアセンションを経験したいと強く望んでいる人たちもいますが、あなたは消えません。さらに私たちも保証します。あなたのオーリック・フィールド（訳注8＝生体の周囲に広がる電磁場）に新しくより純粋な波動が満たされて、体の調子が良くなるでしょう。そのあと、最善を尽くしてこの経験をもう一歩前進することに使うか、または受け取ったものをすぐに忘れて現状を維持するかは、皆さん次第です。すべてはあなた次第です——私たちはただあなたを促すだけです。

原子加速器とは何でしょうか？　この概念については前世紀にマスター・聖ジャーメインがチャネリングでかなり広範囲に話してきましたが、この概念をまだあまりよく知らない人のために、簡潔に説明しましょう。彼はこのテクノロジーの設計者の一人です。原子加速器はまさにその名のとおりのことをするものです。それはテクノロジーを使って設計されたクリスタルの座、つまり椅子でそれに座る人のためにアセンションの炎の周波数をつくるものです。皆さんの道具の多くのように、それにはコントロールするダイヤルがついていて、あなたがこの炎で瞑想してハートの愛をその中に注ぎ込むときに、あなたはガイドによって、その瞬間にあなたに最も役立つぴったりのレベルでこの周波数を吹き込まれます。あなたのガイドはあなたにとって最高の周波数をすでに知っているので、とても上手にその加速器を作動させます。

この種のテクノロジーは、まだ皆さんの次元では入手できません。それは、創造主の純粋な愛の本質に至らない周波数で振動するあらゆる要素を、完全性へ変容する能力があります。現実的にも象徴的にも、それは卑金属を最も純粋な黄金へ変容する能力があると言えます。言い換えると、あなたに次元上昇する時が来ると、それは不完全さと制限のすべてを持つ死すべき身体を、光の体に付随する荘厳さと輝けるものすべてを伴って、不老不死の太陽の、完全な光の体に変容させます。

あなたに割り当てられた席に座り続けて、呼吸を続けてください。その間に、あなたの神聖な本質や創造主とやりとりしてください。この人生に対してアセンションという目標を定めて、神へとハートを開いてください。(統合のために間を置く)

終わったと感じたら、ガイドの目をのぞき込んでください。彼／彼女は魂の目を通してあなたに愛を与えることを選んでいます。愛を受け取ったら、感謝の言葉を述べてください。準備ができたら立ち上がり、今いる部屋からガイドと一緒に出ることに意識を向けてください。それから、あなたをここへ連れて来たマカバまで、来た道を戻ります。私たちは今、あなたのオーリック・フィールドとハートを新しい愛と新しい光の波動でいっぱいにして、あなたをこの部屋へと連れて帰るところです。それを維持して広げるのはあなたの責任です。

それでは完全に肉体に意識を戻して、受け取ったばかりの機会と贈り物に対して神に感謝を捧げてください。そしてこの上なく喜んでください。私たちはあなたをとても深く愛しています。ですから、もしあなたがそう望むのなら、この愛は毎日あなたの人生であなたに付き添います。

原子加速器／アセンションの椅子

光の勢いをつける聖杯をつくる道具

愛する皆さん、こんにちは、私はアダマです。マスター・聖ジャーメインと一緒です。

私は原子加速器についてお話ししたいと思いますが、皆さんの多くはすでに原子加速器のことを、いくつかの目的のために内なる世界で使われるアセンションの椅子として知っています。昔の啓示の教えについて聖ジャーメインと勉強してきた人が大勢います。この概念は、そこで何度か言及されましたが、完全には理解されていません。今この驚異的な道具について、皆さんがもっと理解するように説明させてください。そうすれば皆さんは、自分自身とあなたの道にいる他の人たちを援助するためにその道具を使うことができます。

私が話すとき、マスター・聖ジャーメインのエネルギーが私と一緒にここにあるので、お互いのエネルギーを一つにした集合としての私たち二人がいま皆さんに話をしています。光の領域では、私たちのエネルギーをとても容易に一つにできるような意識の統一体があり、私たちはこれをとても楽しんでいます。

原子加速器つまりアセンションの椅子は、最愛のマスター・聖ジャーメインのハートから地球と人類へ向けた贈り物です。それはアセンション志願者の波動を上げるのを促進する道具です。アセンションの炎の純粋な光の周波数を含んでいます。また人の波動を徐々に穏やかに上げるために使われることもあります。ダイヤルを最大出力に合わせると、文字どおり完全な、瞬時の、永続するアセンションのために、志願者を電子的な体の波動に、光の領域に、五次元の意識に上げることができます。

昔も今も、多くの志願者は地上からの卒業の準備ができたときに、内なる世界で光の領域における完全で荘厳なアセンションのセレモニーを受けます。セレモニーでは志願者はその椅子の一つに座り、大勢のマスターや多次元からの存在が集まって志願者に栄誉を授けて支援します。志願者の記録には純粋な愛と純粋な光に至らないエネルギーが残留していますが、ボタンが最大出力に合わされると、その全エネルギーがアセンションの周波数の強烈さで溶かされます。志願者は一瞬で神聖な本質に満ちて変容し、再接続し、霊的な才能と属性のすべてを回復させます。皆さん、これが神聖な合一の真の永続的なセレモニーです！　これが多くの人が熱望している真我との素晴らしい錬金術の結婚です。この方法が次元上昇できる唯一の方法というわけではありませんが——実際に他にいくつかの選択肢が存在します——これが最もよく使われています。

この贈り物を受け取るためには、間違いなくすべてのレベルで霊的に準備が整っていなければなりません。そうでなければ、その結果は大変なことになるかもしれません。そのような祝福を受け取るために必要とされる通過儀礼のレベルにまだ達してない人には、私たちは誰もこれを勧めるつもりはないので大丈夫です。この惑星にはこれらの椅子が、さまざまな霊的な五次元の大いなる白色同胞団の修養所《アシュラム》でいくつか保存されてきました。テロスに一つ、聖ジャーメインがワイオミング州のジャクソンピークの修養所に一つ持っています。ヒマラヤにも一つ、それから他の数箇所の修養所にもあります。

私たちのチャネラーであるオレリアは数年前に私たちに指示されて、彼女の家に友人たちを月に一度招待し、この目標への献身と、この惑星の霊的階層と彼ら自身の神聖な臨在への献身を深めたいと願う人たちのために、アセンション・セレモニーの儀式を執り行いました。オレリアが集まった人たちとこのセレモニーを進行させるたびに、私たちが多勢で手助けに行っています。マスター・聖ジャーメインはいつも彼の携帯用の原子加速器を持って行きます。それは椅子ではなく、そのようなセレモニー用に設計されたエーテル状の小箱で、彼はそれを皆さんの次元の椅子の下に置きます。

毎回、聖ジャーメイン自身が強さと速さをコントロールします。その強さと速さは、各志願者が現在のレベルで大きな不快や混乱を招かずに、次のレベルへ波動を上げるために受け取れる程度です。この移動式の加速器の箱は、まさしく原子加速器の椅子の完全な別型です。地上の人びとがアセンションのワークをすることを選んだところでセレモニーを執り行うために使われます。

オレリアは一九九四年からモンタナの自宅で、アセンションを意図するそれらのセレモニーを執り行ってきました。彼女はこの惑星と人類のために、それ以来、定期的にこの奉仕を行っています。彼女は通過儀礼の旅のためにシャスタ山に来たすべてのグループと、光のこの奉仕を行ってきました。さらに会議やワークショップのために海外へ旅するときも他の数カ国でそうしています。

勢いをつけることの利益と力

私たちは、何年も経つうちにそれらのエネルギーが驚くほど力強く美しくなってきたことに気がつきました。オレリアが儀式をする回数が増えるごとに、必ず前回のセレモニーの総エネルギーに加えられます。私たちはとても強い関心を抱いて、感謝しながら観察しています。この儀式が定期的に行われて多くの年数を経ますが、各セレモニーのときにつくられた光の聖杯が巨大な勢いをつけてきて、この聖なる儀式が執り行われるたびに強烈さと美しさがその前のほぼ倍になります。その集まりの意図を共にしている人たちだけでなく、ほぼ惑星全体に光の網目《ウェブ》を張りめぐらせている人たちにも、影響を与えて援助しています。

皆さんのほとんど全員が、霊的な旅においてあなたが望むほど急速には進歩していません。あるいは日常の努力においてもあなたが望む素早い成果を得ていません。その主な理由は、目標を達成できるだけの十分な勢いをつける習慣がないからです。より大きな勢いをつけることは、皆さん全員が、望むものを何でもつくるのに十分なエネルギーをあなたの世界で集めるために必要としていることです。

「闇の勢力」を演じている存在でさえ、この原則をよく理解しています。その上、光の人びとが光の勢いをつくってきたときよりも、闇の勢いをつくってきた彼らの方が、はるかに油断なくそうしています。

ほとんどの人が体現している無頓着さが、この惑星全体が長らく闇と、密度の濃さと、苦痛の深みに陥ってきた主な要因の一つです。光の勢いは、私たちがいつでも何でも望むことを現実化できるように、マスターになった私たち全員が十分に蓄積してきたものです。

一九九四年に遡《さかのぼ》ると、最初にオレリアが四、五人と小さなセレモニーを始めたときには、各セレモニーでつくられた光の聖杯はとても小さく、いま到達しているような力強さにはまったく及びませんでした。しかし彼女は、それがどの程度拡大してきたかについてはあまりよく分からないまま、毎年勢いをつけることを続けました。

きちんと意識して行われた各セレモニーの場合は、まだ透視能力のない人たちには見えませんが、マスター・聖ジャーメインがエーテル状の原子加速器を持ってきます。そのセレモニーのためにアセンションの椅子として指定されて装飾された椅子の下に、その箱を置きます。私たちの領域では、私たちはその箱を物理的なものと考えています。それは五次元のテクノロジーで、ある種のクリスタルからつくられています。それは皆さんの領域におけるテクノロジーとまったく同じように、切り替えられるダイヤルまでついています。ただ私たちのものは、皆さんのものよりかなり発達して進歩していることだけが違います。

グループの準備が整って、オレリアが意図の祈願文を唱えると、マスター・聖ジャーメインが原子加速器を作動させます。それは何をするのでしょう？　その椅子の下とまわり中に、アセンションの周波数が外へ向けて放射し、輝き出します。椅子に座っている人はその人の進化度と受け取る能力に応じて、その大部分を受け取ります。

もしそれが全開にされるとしたら、小箱から放射しているアセンションの炎のエネルギーが、文字どおりとても素早くあなたの姿を見えなくして、あなたを消せるので、その過程は監視されなければなりません。

あなたがアセンションの炎の栄光の中に完全に上昇するのが適切なときまでは、これらのセレモニーが執り行われるたびに、あなたが受け取るのは増加分だけであることを承知してください。

あなたが意識を進化させるにつれて、この聖なる儀式を通して意図を設定するたびに、アセンションの炎はあなたがますます自分を浄化し、波動を上げるのを助けます。

もしあなたが私たちのように見えさえしたら、あなたがこれを行うとき、それはとても美しく見えるでしょう。皆さんは一緒に集まっているとき、お互いにエネルギーを促進して保ちます。それぞれの人が椅子に座るために前へ出て、友人たちや彼らの神の前で、次元上昇してこれを起こすために何が必要でもそうすると意図を宣言するとき、マスター・聖ジャーメインが加速器のダイヤルを調節して、あなたのフォース・フィールド（場）をその瞬間にあなたに適切なレベルのアセンションの周波数で満たします。

あなたが椅子に座ってハートから話して意図を設定するたびに、あなたは愛と光の爆発を創造します。それはとても驚異的な光景です。このような理由から、あなたがこれらの集まりを持つときには、必ずこの惑星や他の多くの惑星や星の銀河から、光の存在も大規模に集まります。彼らは皆さんがしていることを見て喜び、また地上の人類によってつくられるこの驚異的な光の爆発を目撃したいと思っています。彼らはいつも皆さんに彼らの愛と支援と励ましも送っています。

セレモニーのつくり方

輪になって集まってください。一人ずつ順番に、アセンションの椅子として指定された椅子に座るために前に出ます。完全にハートを開いて、できれば大声で、この人生とアセンションの目標について意図を述べます。ハートから発せられる高潔な祈り、あるいはあなたにやる気を起こさせる高潔な祈りをしてください。

一人ずつ順番に、促進者が準備しておいた特別なクリスタルを手に持って、三分から五分ほど椅子に座ります。終わったら、彼／彼女は目で終了したという合図を送り、そしてグループ全員で三回「オーム」と唱えて、このエネルギーをまだ椅子に座っている人の肉体に固定するのを助けます。それからその人は自分の席に戻り、次の人に譲ります。特定の順序で進める必要はありません。流れは常につくられているので、各自が準備できたと感じるときがその人の順番です。促進者はたいてい最後にしますが、決まっているわけではありません。

聖ジャーメインと私アダマは、全員が終了したら、私たちが吹き込む「黄金色の液体状の光」の周波数で満たされた霊薬《エリクシール》を飲むことを皆さんに勧めます。

促進者は発泡性のりんごジュースか他のジュースを小さな容器に注ぎ、参加者全員に分け与えます。

それから促進者は、各自が持っているこの発泡性の飲み物に、黄金色の液体状の光の周波数を吹き込まれることを依頼する短い祈願文を唱えます。それぞれの人はそのジュース（ジュースが手に入らない場合は水）で満たされたグラスを右手に持ちます。そして少し間を置いて、聖ジャーメインがその飲み物を各自に最も適した周波数で充たすのを待ちます。

そして合図を受け取ったら、それぞれの人は、彼らに授けられるこの豊かな祝福に関係している全員に対して深い感謝を表わして、その時とても神聖な霊薬となったその飲み物をゆっくりと飲みます。

これは私たちが内なる世界であなたに与えられる霊薬の一つと同じくらい確実で効果があります。それは内なる世界のものと同じ価値を持っています。デイビッド・ロイドが何年も前にシャスタ山で聖ジャーメインによって与えられた霊薬を飲んだとき、彼は群衆の前で、そこにいた一人ひとりに大きな驚きを与えながら、完全に消えて光の領域に次元上昇しました。皆さんはその話を聞いたことがあるか、私たちの以前の本の中で読んだことがあるでしょう。

愛する皆さん、このデイビッドという人はアセンションを違う形で遂げることもできましたが、この特別なやり方で次元上昇することを内なる世界で選び、その選択が聞き届けられたことを知ってください。それが起こったのは、彼が次元上昇するときだったからです。私たちはあなたも消えるように霊薬を満たすこともできますが、それは今の計画ではありません。たとえあなたが依頼しても、私たちはそうするつもりはまったくありません！　あなたの時になるまでは、そうしません。正直な話、何人かの人からそれを要請されたことがあります。要請した人たちには申し訳ないのですが、皆さんが自分の適切なタイミングを待つことが絶対に必要です。

将来、集団のアセンションが実現する時が来て、場合によっては、人びとの目の前で起こることを知っていてください。その時が来るのはそう遠い先のことではありませんが、あなたはまだあと数年は待たねばなりません。不意には起こらないことを分かってください。もしこのようなことがあなたに起こるとしたら、それはあなたが完全に準備できて、このようなアセンションに完全に同意しているからです。

あなたが原子加速器を使う集まりを持つときには、マスター・聖ジャーメインが常に一人ひとりに与えるエネルギーの量を、各自が扱える波動のレベルに応じて的確にコントロールします。私たちは時期尚早に皆さんのうちの一人でも消すつもりはありません！

兄弟姉妹の目の前でハートを開いて話すのをためらう人や恥ずかしがる人がいます。愛する人よ、分かってください。光の領域では秘密は存在しません。ですからすべてのことが知られています。あなたがここへ来るつもりなら、今それに慣れはじめるのが一番です。その方があとで楽でしょう。

いったん高次元に到達したら、何も隠せません。兄弟姉妹の前でハートを開いてすべてを打ち明けることができる、とても良い練習です。あなたがしていることを恥ずかしいと思う必要はありません！　とても素晴らしいことです！　それは毎回、光の爆発をつくります。そして皆さんが支え合うとき、皆さんの光は増幅されて、皆さんの「星への旅」で光の勢いをつけます。

皆さんの霊的目標への欲求と意図を強化するために、私たちは今、最低でも一カ月に一度は、あなたの都市、村、国であらゆる規模のグループで兄弟姉妹として会うことを強く勧めます。各セレモニーと各自の意図で勢いをつけることができるようにしてください。

これがどんなに力強くなるか想像してください！　あなたがしようとしていることは、この惑星上のどの場所にもアセンションの光の小さな網目《ウェブ》をつくります。それはそうする人びとが増えるにつれて、ますます勢いを強めます。この光の勢いはそれらのエネルギーがみな一緒になるにつれて、ますます力を獲得します。

これが壮大な光の勢いでありアセンションの炎です。アセンションの光が渦巻く大旋風の中で、次元上昇することを選んでいる人類全員とこの惑星を促進するのに必要なものです。そのアセンションの光の大旋風はこの惑星上のすべての闇を溶かし、すべての男性、女性、子どもに彼らの神性の尊厳を完全に取り戻させるでしょう。

このようにして闇は完全に消し去られ、光の大勝利に呑み込まれるでしょう。しかし、私たちのハートの最愛の子どもたちよ、あなたはあなたの次元で、あなたのやるべきことをしなければなりません。あなたの貢献や参加がなければ、ただ願うだけではアセンションは自動的には起こりません。

私たちはテロスから皆さんの愛と意図のセレモニーをとても楽しんでいます。また私たちと聖ジャーメインは、あなた自身の勝利のアセンションの日までずっとあなたを支援し愛して、毎回、あなたとともにいることを確信してください。

アダマ——これについて何か意見や質問がありますか?

オレリア——世界中でグループが一緒になること、そしてアセンション・セレモニーを行ってアセンションの周波数のレベルを経験すること、霊薬を飲むことについて、とても素晴らしい提案をいただきました。この美しい儀式によって周波数の永続的な増加を私たちに与えようと言ってくださっているのですね?

アダマ——そうです。私たちは皆さんが望むたびに、そうすることができます。もしあなたの道であなた自身を促進する道具としてこれを利用したければ、それはあなた次第です。それは、皆さんが結びつくにつれてエネルギーがますます強まる道具なのです。多くの人が次元上昇したいと望みますが、意図を設定するのを忘れることも多く、必ずしも霊的自由の完全さを獲得するのに必要な努力を厭わないとはかぎりません。

皆さんが集まって意図を強化するとき、それはあなたの人生でもっと力強くなります。志を同じくする人たちと一緒に時を過ごすための素晴らしいやり方として、このように集まることができます。もし望むのなら、あとで一緒に食事を共にすることだってできます。これがレムリアのやり方です。ものものしい行列や儀式ではなく、気取らずに共に物事を行い、ただ私たちという神や女神として存在するだけです。私たちは皆さんに同じことをすることを、そして同じであることを勧めます。あなたの意識をとても簡単に楽しく上げる手助けをするこれらの道具を活用してください。

そしてハートの最愛の子どもたちよ、そうなされました。あなた自身とともに平和と愛の中にいてください。もうすぐ、私たちは愛の腕の中で皆さんと会うでしょう。

付記――Mount Shasta Light Publishing にはこのアセンションの活性化についての詳細を載せた小冊子（英文）があります。ウェブ・サイトwww.mslpublishing.comをチェックしてください。

私はその時の至高の栄光を知っているので、
神の愛し子である一人ひとりに
その栄えある瞬間の準備を促さざるをえない！
その時が来て、そして呼び出しが
光の父からあなたのハートへ届くとき、
あなたはまた人間として転生することの
真の目的が完全に分かるだろう。

――ロード・サナンダ

第16章　復活の炎――第六光線の活動

復活の神殿への瞑想
アダマ、イエス／サナンダとナダを伴って

聴衆――アダマは今夜、私たちにどんな話をする予定ですか？

オレリア――午後にアダマと話しましたが、今夜話すことについてはまったく見当もつきませんでした。アダマは復活の炎とその癒しの属性について話したがっています。この驚くべき炎はこの次元の人びとにはほとんど知られていません。その炎について聞いたことのある人たちでさえ、ほとんど知りません。人びとはたいてい、炎をどう使うのか何も分かっていません。復活の炎は、時のはじまりより、この惑星上で人びとが利用できた主な七つの神の炎のうちの一つです。復活の炎にはそれ自身の働きがありますが、癒しという別の面も持っています。

全世界はこの時期、多くの種類とレベルでの癒しを絶対に必要としています。癒しという言葉には広い意味があり、多くの面とレベルを含んでいます。私たちが全なるものになり、再び「我れなるもの」の光を完全に表現できるようになる前に、完全に癒されるまで私たち自身のあらゆる面を深く掘り下げて癒していか

ねばなりません。なにしろ三次元で癒しについていろいろと聞いていても、真の癒しはほとんど理解されていないですからね。思い切ってはっきり言えば、真の癒しを理解するためには、七つの主要な神の炎の属性をかなり理解することが賢明というものです。それらの炎は生命を養い、充電し、維持するためにこの惑星に絶えず注ぎ込まれています。

今夜アダマが伝えたがっているのは高次の癒し、真の癒しに関する理解です。それは単なる一時的な解決で、あとでもっと永続的な解決へと進化しなければならないものではありません。復活の炎は、なかでも並外れた道具です。それは自由に簡単に使えて、とても効果があるものです。残念ながら、それは忘れられてしまったために、ほとんどの人にあまり使われていません。

癒しの第五光線のエメラルドグリーンの波動と翡翠《ひすい》の大神殿のエネルギーは一つの道具ですが、もっとすごいものが多く存在します。いつでも自由に使えるこれらの道具に気づけば気づくほど、使えば使うほど、私たちは楽に優雅に人生を変容できます。アダマは今、復活の炎について私たちにもっと理解させたいと思っています。また電子についても、さらに神の七つの聖なる炎を使うことと電子の適切な利用法によって、私たちの意識がどのように上げられるかについても説明したいようです。復活の炎は私たちに魂のレベルで準備させて、私たちの肉体を不滅へと準備させます。肉体の準備と言いましたが、それは選択されている場合の話です。また復活の炎は、あなたにアセンションの炎の完全な変容を受け取る準備をさせます。

「炎」について少し説明しましょう。七つの炎は、この惑星上で人類を進化させて、ここでの生命を維持してきた主な炎です。もちろん、高次元ではもっと多くの炎が存在していて、私たちは今、十二の炎のエネルギーを受け入れはじめたところです。言い換えると、私たちは今、とても長い霊的居眠り状態から意識を上げるため、さらに五つの炎を以前より使えるようになりつつあります。実際には、炎が何百と存在しています。しかし今は、今夜の私たちの予定のために、驚嘆すべきこの炎を取り上げましょう。なぜかというと、もし七つの炎について一つずつ話したら、それらの炎はとても驚異的なので、私たちは何時間でも、ひょっとしたら何日でも話せるからです。

神の創造した宇宙には、神のさまざまな属性が存在します。そして各属性は、私たちが「炎」や「光線」と呼ぶ、エネルギー的な波動と働きによって表わされます。それらは他の名前でも呼ばれていますが、人生における利用法や影響を理解するときには、名前をどう呼ぶかはそれほど重要ではありません。主な七つの炎は虹の光線としても知られていて、神の創造におけるすべてのものとつながっています。

一週間の七つの曜日、オクターブの中にある七つの音、七つの主なチャクラ、七つの主な内分泌腺、体内の七つの主な臓器や器官系などがあります。いくらでも挙げられます。ということは、もう分かると思いますが、これらの光線の一つひとつが特定の色の波動を代表していて、私が今しがた述べた名前の一つと関連しています。たとえば、各曜日は色の波動に対応している光線の一つのエネルギーによって増幅されます。オクターブの中の各音は、特定の色と光線のエネルギーを代表しています。肉体の七つの腺や七つの主な臓器、七つの主なチャクラの一つひとつは、光線や炎の一つと関連しています。そして関連しているエネルギーは、その部分やその曜日などで増幅されます。

また復活の炎も変容のエネルギーを持っていて、私たちを五次元の気づきへ進ませることを促します。エーテル界とあらゆる次元には、美しい神殿が創造主の多くの炎や属性それぞれを増幅するために建てられています。テロスでは、多くの神殿がこれらの炎を養うために存在しています。そしてレムリアの時代には、まさにその目的のために神殿が何百とありました。復活の炎は皆さんが永遠に、不滅になるまで使えて、そして常に利益を得ることができるものです。

ここでアダマに代わります。

アダマ——親愛なる友人である皆さん、こんにちは。皆さんの友であり指導者《メンター》であるアダマです。私と私のチームは今日また皆さんとご一緒できて、驚異的なすべての属性を持つ神についての気づきと理解を広げたい人たちに、珠玉の叡智と知識を贈れることを喜んでいます。今日、私と一緒にここにいるのは、復活の炎の守護者である主イエス／サナンダと、彼の最愛のツインフレーム（訳注14＝魂の異性の片割れ）であるナダです。ナダは最後の転生では、二千年前にマグダラのマリアとして知られていました。彼らはここで皆さん全員に彼らの愛の輝きを放射しています。

この惑星上での短い転生でこれまでに皆さんが教わってきたこと、つまり神とあなたの神性に関する事実は、知るべきことに比べて、あまりにも少なくそして限られています。今日、あなたが自由に使える多くの知識があります。それらの知識はあなたの意識を広げて、あなたが神性のあらゆる面と再びつながり、最終的に霊的自由を経験するために受け入れられ、そして理解されるべきものです。

ほとんどすべての人がこの惑星上で何千回と転生を経験してきましたが、残念ながら、現在、転生している大部分の人には、それらの珠玉の真の知識はほとんど与えられてきませんでした。このことはすべていま変わりはじめているので、今夜は私たちがこれらの霊的な宝の一つをあなたの気づきに新らたに吹き込みましょう。それはあなたが霊的な一なるものと全なるものへ移行するのに役立つ新しい道具です。

復活の炎は、その波動と働きにおいて、ただ癒すだけの炎ではありません。その働きの範囲はたいへん広く、この短時間では私たちはその基礎しか取り扱うことができません。その働きは宇宙の次元に及び、多くのレベルと周波数で起こります。もしあなたが二千年前のマスター・イエスの話を思い出せるなら、彼の必滅の体が死んだあとに、彼が墓の中で彼自身の肉体を復活するために使ったのが、復活の炎です。これだけであなたに手がかりを与えるはずです。あなたがその大きな意味を考えるとき、復活とは本当は何でしょうか？　その炎は二千年前に、この偉大なアバター（訳注16＝神の化身）のためにしたことを、まさしく今、あなたのためにもできるでしょう。この素晴らしい炎の属性は衰えたことがありません。それどころか、その頃よりもはるかに勢いがついています。

主イエス／サナンダは、彼の最愛のツインフレームのナダと一緒に、この聖なる炎のコハン（長）つまり守護者です。彼らは共にとても高度に次元上昇した存在で、いつでも本当に進んであなたを助けようとしています。この聖なる炎の驚異を使うときはとくにそうです。また、復活祭の頃は、この炎がこの惑星上で最も活発になることを心にとどめてください。その時期は、その驚くべき炎であなたの意識全体と存在、世界を満たす機会の窓を最大限に活用する最高のときです。

この炎はいつでも活動していますが、復活祭のときは、主イエス／サナンダによって当時、この惑星に呼び戻されたキリスト・エネルギーを記念して、人類のためにそのエネルギーの強さが倍増されます。復活の炎は第六光線の活動として、無私の奉仕と援助のエネルギーも体現しています。それもまたイエスが二千年前に彼の生命とこの惑星への無私の奉仕によって体現して見せたものです。彼は現時点まで絶え間なくこの惑星と人類全員に奉仕しつづけています。そしてこれからの数千年もそうするでしょう。

復活の炎を使った彼の体験は、彼にしかできないものではありません。言い換えれば、彼は生命を与え強めるこれらのエネルギーの使い方を知っていただけです。ですから、今やあなたがそれをすっかり理解できるレベルまで進化してきたからには、皆さん全員が自分自身のためにこれを使いはじめるときです。それがとても驚異的なので、私はこの知識を皆さんに伝えることをとても嬉しく思っています。皆さんの人生を楽にして、変容と進化の道を加速するために、自由に使える道具が数多くあります。ただそれらに気がついて、日常生活の中でそれらを一所懸命に使いはじめるのが必要なだけです。

体の癒しを望むとき、すでに帯びている周波数よりずっと高い周波数を体内に取り込むことによって癒すために、復活の炎のエネルギーを必要とします。表面的で一時的な癒しは、あなたが本当に得ようとしているものではありません。あなたは、永続的に上昇させるようなものを望んでいるのです。再びあなたの神聖な存在ともっと意識的につながるような癒しを望んでいます。その神聖な存在とはあなたであり、実際のところ、たとえ何であれ、あなたが常に望んで求めるすべてのことの源です。あなたは、再びあなたの神性を反映し体現できる癒しを望んでいます。それこそが、あなたの根本的な性質です。それが神の子としてのあなたの生まれながらの権利です。

マスター・イエスが「わたしは、よみがえりです。いのちです」(『新約聖書』ヨハネの福音書11-㉕)と言ったとき、彼は転生中の人間としての自己について話していたのではありません。彼は、皆さん全員の聖なるハートに等しく生きている、偉大な「私(I AM)」の神聖な法則を教えていたのです。それはあなたの神聖な自己ですが、まだ現在の気づきの状態では十分に表現されていません。彼は神聖な本質と完全につながったので、それをどう表現するかを知っていました。皆さんがその炎に焦点を当てて、呼び出して、使いはじめることによって、復活の炎があなたのために簡単に使えるエネルギーであることを理解してください。創造的になってください!

聴衆――私には、それはものすごいことのように思えます。オレリアが口にするまで、私はその炎について聞いたことがありませんでした。実際にはどのように、これを使って私たちの人生に生かすことができますか?

アダマ――その炎は神の多くの属性の一つです。あなたは財政状況を復活させることができます。肉体を復活させることができます。家族の調和を復活させることができます。あなたの人生で拡大したいことを数多く復活させることができます。復活のエネルギーはまったく限定されません。

「私(I AM)」があなたの無限の面であることを知っていて、その言葉を使うのもよいでしょう。あるいは以下のように言うことも考えられます。「私の存在である主なる神より、私は今、復活の炎を呼び起こし、私の肉体と感情体とすべての微細な体の、すべての細胞・原子・電子へ大量に注入されることを受け入れます。私は人生のあらゆる面を癒して復活させることを望みます。（財政状況や能力、記憶、調和など個人的に復活させたい他のことを挙げてください）」。このエネルギーの使い方に関しては限界というものがまったくありません。もしあなたが人生でどの類の欠乏でも経験するなら、もしあなたの体がまだ光り輝く不滅の状態でなければ、もしあなたが絶対的な神性の美しさと若さと完全性をまだ現実化していなければ、あなたの肉体構造を構成している電子がいまだに歪みの段階を経験していることを意味します。あなたを救いに来て、援助するように、復活の炎に呼びかけてください。

聴衆――これは、どのくらいの頻度で行う必要がありますか？

アダマ――創造が瞬時になされる五次元に比べて、皆さんの次元ではエネルギーの動きがとても遅いので、結果を得るためには、それが実現するまで想像したいものに焦点を当てる必要があります。また創造する対象に焦点を当てるときに、愛に満ちた感情を加える必要もあります。もしあなたがたった一度しか焦点を当てないのなら、望むものを現実化する見込みはかなり薄くなります。オウムのように確言を繰り返すことが論点ではありません。ここでの論点は、あなたがそれを唱えるときに、あなたの創造があなたの愛と意図を通して現実化することを絶対的に分かっていて、その日一日中、同じように愛に満ちた考えを送ることです。

もしあなたが確言を唱えることも選ぶのであれば、それらもとても役に立ちます。その場合は、できるかぎり多くの信じる力と感謝で望む対象を満たしながら、嘆願ではなく愛に満ちた意図の表明として、ハートから最大限に感情を込めて、必ず繰り返し唱えてください。

復活の炎を、夏の夕焼けを見たときのような色で、金色がかった輝く燈黄色のエネルギーとして視覚化することはいつも役立ちます。それを実在的《リアル》にしてください。あなたのハートとマインドの中でそれに命を与えてください。なぜかというと、それはあなたが視覚化するとおりになるからです。もしあなたが癒しを望むのなら、あなたはその驚くべきエネルギーを癒したい問題に注いで、結果が得られるほど長く必ず続けてください。

聴衆――七つの炎のそれぞれに触れながら、七つの炎について簡潔に要点を説明していただけますか？

アダマ――叡智と啓蒙の炎があります。それはさまざまな色合いの黄色で共鳴します。それから愛の炎があり、さまざまな色合いの濃いピンクとルビー色で共鳴します。神の意志の炎があり、さまざまな色合いの青で共鳴します。また癒しの炎があります。これは変化に富んだ色合いのエメラルドグリーンと共鳴します。アセンションの炎は純白で、波動の点で他のすべての炎を含みます。復活の炎については今日、取り上げているところです。最後になりましたが忘れてはならないのが、ほとんどの人がすでに知っている変容の紫色《バイオレット》の炎です。この炎は前世紀のはじめに、最愛なる聖ジャーメインによって大いなる啓示として地球に戻されたものです。

また、これらの炎のエネルギーは各チャクラと関連しています。あなたが意識を進化させるにつれて、あなたはやがて、活性化されるチャクラをもっと発見し、七つどころではなくはるかに多くの炎を発見するでしょう。これらの炎はあなたを援助し維持するために、すべて個別に働くと同時に、光の虹のように同時に一緒になって作用します。喜びの炎や、調和の炎、慰めと平和の炎などのエネルギーについても考えてください。それにはまったく際限がありません。

次に説明したいことは、電子についての理解です。

生命の最小の現われは、人が電子として理解するものによって測定されることが可能です。これらの電子は、永遠に、自立して、破壊不可能で、自己発光性の、知的な、至高の創造主という本体からのエネルギー部品を表わしています。電子は純粋な宇宙の光の物質で、神と人の両方の創造的な力に稲妻のように反応します。電子は形を変えて、物理的な世界の原子をつくり上げます。星間空間はこの純粋な「光物質」に満ちています。電子は互いに特定の原子の中で結合します。電子の数は、意識的な「思考」の結果であり、意識的な「思考」で決まります。それらが中心核のまわりを回る速度は「感情」の結果であり、「感情」で決まります。中心核内部で激しく旋回する動きは「神の息」です。したがって、「神聖な愛」の最も濃縮された活動は、どんなエネルギーがあなたの食べ物を育てようとも、どんな物質を三次元で見つけようとも、それはすべて異なる条件付けをされた電子のさまざまな現われからできています。すべてのものは電子と呼ばれる同じ材料からできています。これを他の名前で呼ぶ人たちもいますが、どんな名前を与えようと問題ではありません。すべては同じもの、「愛」のような根本的な源のエネルギーからできています。

電子はエーテル界の意識からエネルギーの素粒子としてつくられます。このエネルギーはとても中立的で、完全に生命に尽すものです。電子は、生命の他の意識部分によって条件付けされるときにのみ、形となって現われます。どのように条件付けされるかに応じて、さまざまな形、姿、濃度をとります。あなたの世界において、あなたがエネルギーを純粋な愛に至らないエネルギーで条件付けするとき、あなたが恐れや怒りや貪欲で創造するとき、あなたは電子を誤用していて、いのちに捧げる原初の目的を歪めて創造しています。この誤った創造物はその時あなたの所有物となるので、あなたは条件付けしてきた電子に組み込んできたことを、甘んじて受け入れなければならなくなります。それはいつか、あなたが愛を使って生命への全負債のバランスをとるまで、そうして誤用してきた電子のすべてを浄化するまで続きます。これが、皆さんが「カルマを解消する、あるいはバランスをとる」と呼んできたことです。

親愛なる兄弟姉妹よ、私がこれから言うことをしっかり心にとどめてください。皆さんが以下のことを常に覚えているのはとても大切なことです。

神は毎日、あなたの人生をつくるために、あなたに電子を際限なく与えています。そしてあなたはいつもそれを自由に好きなように創造しています。あなたの人生は、考えや意図や感情で創造するものに応じて、いつでも使える電子をあなたがどのように使っているかを常に反映しています。概して、人類は電子の適切な使用法を、つまり言い換えれば、自由で適切なエネルギーの使用法を理解してきませんでした。それは忘れられていた知識です。あなたがこの地上でしているようなエネルギーの誤用によって、あなたはとても長い間、自分自身と惑星とここで進化しているすべての人に多くの苦痛と困難をつくってきました。

聴衆——自信喪失、判断、恐れ、感情のネガティブな面のすべてや、愛を表わしていない行動を通して、私たちはそのエネルギーの使い方を誤って条件付けしているのですか？

アダマ——そうです。電子は愛に応えたいと思っています。あなたが愛や喜び以外の波動で電子を誤って条件付けするとき、電子には歪められたところができて、その歪みはあなたの宇宙的な責任になります。電子が核エネルギーに使用されることをどう思いますか？　または他の種類の破壊に使われるのをどう感じますか？　電子が至高の創造主の意識と知性を持っていることを忘れないでください。電子は無条件にいのちに奉仕する任務を与えられているので、どんなやり方で人類がエネルギーを使うことを選んでも、人類に役立たなければなりません。その上これらの電子はたいてい、時には長期間にわたって、人類のネガティブな性質に組み込まれたままです。これは電子が望むことではなくて、そのためにつくられてきたのでもありませんが、電子はそれに服従しなければなりません。

人類は自分たちとこの惑星とまわりのすべてのもののために、完全な楽園を創造するように電子を使えます。あるいは自分たちと世界を破壊するために電子を使えます。これがこの惑星上の自由意志の実験です。この地球で皆さんが持っているほどの自由意志を、すべての惑星が持っているわけではありません。自由意志の誤用はとても長い間、人類にとって痛みを伴う経験でした。電子の適切な使い方と誤った使い方を理解することがとても重要なのは、このような理由によります。復活の炎は、皆さんが誤用してきた電子を調和へと浄化するのを助けることができます。またすべての神の炎も、その他のすべてのものと同じように電子からできています。

聴衆——つまり、こういうことですね。もし私たちが恐れや何かネガティブな感情に向いたら、私たちを通して伝えるエネルギーは誤用されるか歪められる。電子は創造主の源から愛を吹き込まれたもので、意識をもって生きていて、私たちが使う間、私たちへ流れてきて、私たちを通っていく。

アダマ——まさしくそのとおり。またそれは宇宙のどの場所でも変わりません。電子はあなたが日常生活をつくるために使うエネルギーを表わしています。あなたが電子やエネルギーを誤用すれば、あなたのまわりや内部に暗い場をつくります。あなたが自分の内部で恐れをつくるために、あるいはこのようなエネルギーを他人に投影するために電子を誤用するなら、つまり疑って判断するなら、あなた自身の体の電子は歪められ、やがて不調や病気、活力の欠乏、老化などをつくります。

聴衆——私たちの熟達度が進んでいって、経験から叡智と理解を得ていくと、復活の炎を使うことは私たちの必要性にどう対応するのですか?

アダマ——何よりもまず、復活の炎が生命を養う唯一の炎ではないことを理解する必要があります。結果を伴うことなく神のエネルギーを勝手に誤用することはできないことを、しっかりと意識してください。あなたが神のエネルギーを愛で条件付けしはじめると、その時、電子は調和をつくりながらまったく違う流れ方をしはじめます。なぜなら、それが電子の性質だからです。あなたの性質が神性であるのと同じように、電子の性質も神性なのです。

聴衆――私たちは見捨てられることや裏切り、拒否というパターンを多くの生涯で抱えてきました。自分の中にある、そのような根深い面に働きかけるためには、どのように復活の炎を使えますか？

アダマ――まず感情に働きかけ、そして思考パターンにも気づかねばならないでしょう。あなたは人生に調和を取り戻すのを助けるために、そしてすべての問題を癒すために復活の炎を呼び出せます。あなたが神の炎でエネルギーや電子を再び条件付けしはじめるとき、電子は逆方向に回りはじめます。反時計回りではなく、時計回りになります。あなたは、歪みや病気や欠乏がなくなるまで感情体や肉体、精神体などすべての体で浄化して波動を上げるために、復活の炎を意識的に使えます。

この内なるワークをたまにしか行わないのではなく、生き方として、展開しているプロセスとして、「進展中のこと」として受け入れる必要があります。それは人生のために、あなたが自分に課すことのできる最も重要なワークであり目標です。それはあなたが思い焦がれている霊的自由への鍵です。あなたは一生かけて復活の炎に取り組むことができます。それはいつもあなたの道を楽にして、人生にもっと驚きをつくるでしょう。

今、どのくらい多くの人が、二千年前にマスター・イエスによって与えられた「わたしは、よみがえりです。いのちです」という金言を使っているでしょうか？　これは彼が大衆のための聖職に就く前に何年かインドを旅行していたときに、彼の師である偉大な神聖な指導者から与えられたマントラです。彼はそのエネルギーを絶えず使うことによって、生涯の間にそのエネルギーをコーザル体（訳注17＝主な光の体）に蓄積してきましたが、それは肉体の死後、彼自身の体を起こすことができるほどでした。彼がそれほど、またそのような勢いで、積極的に人生で復活の炎を使ったことを理解してください。

彼はまた自分自身に蓄えていたエネルギーの貯蔵庫からも引き出しました。皆さんによく知られている、そして知られていない数多くの奇跡を行うためです。彼に課された数ある任務のうちの一つは、何でも望むことを達成する復活の炎を完全に体現し、それになることでした。そして彼はこれを、とても優雅にそれも完全に行いました。

聴衆――わぁ、すごい！

アダマ――これは、あなたにもとても簡単にできることです。その上、何の財政的負担も生じません。この炎の贈り物は特定の個人のものではありません。二千年前に存在した一人の人物しかできないものではなくて、創造主の子どもたち全員がいつでも、どこでも使えるものです。自分の財政状態のために「わたしは、よみがえりです。わたしの財政状況のいのちです」と言って、この炎を使う人もいます。この炎を使いはじめると、霊的成長のために多くのことがあなたの意識に示されるでしょう。あなたは望むものを受け取る前に、意識の中で多くのことを正さなければならないかもしれません。あなたが欲しい対象に焦点を当てると、整合される必要のあるものがあなたの前に現われるでしょう。そしてあなたが意識を変えると、あなたの人生もまた良い方へ変わります。

あなたの誤った信念や態度はあなたが現実化することを妨げていますが、あなたの「神なる自己」はその誤った信念と態度を、あなたの意識的な気づきへ残らず提示するでしょう。それは、あなたがより大きな叡智を熟慮して学ぶために、あなたの前に現われるでしょう。そしてそれを認識する識別力を発達させて、それを認め、意識において必要な変化を起こすことは、それぞれの人にかかっています。もしあなたが過去からの誤ったお金の使い方について気がついたのなら、過去のそれらのエネルギーをきれいにして、あなたがそこから学んでいることを考えるのを、復活のエネルギーが手伝います。復活のエネルギーとその他に、変容の紫色の炎と母なる観音のハートからの許しの炎を使いはじめてください。

復活の炎はあなたを援助できる音と色を持っています。その炎を、黄金色よりオレンジがかっている、輝く黄金の太陽のようなエネルギーとして視覚化してください。この波動を使う霊的なワークをしながら、自分が復活の炎のエネルギーの中に完全に呑み込まれて座っているのを見てください。

老いや衰えが生命の自然な属性ではなかったことは、分っていますね。肉体の外見はあなたの低次の乗り物、つまり感情体・精神体・エーテル体・肉体の内部に保有されている光の量によって決まります。これらの体を通して光が自然に放射されると、光のチューブと言われる保護壁があなたのまわりに形成されます。電子がゆっくりと特定の器官や細胞に移動するとき、電子があなたの大いなる自己から引き出す光は僅かです。その上、自然な抵抗があるので、光の流れは弱くなりはじめます。あなたがどのくらいの活力をもって、どう感じはじめるかは、電子が肉体で回転できる速度に関係します。

あなたの持つ毒性が多くなればなるほど、そしてあなたの保つ光が少なくなればなるほど、電子の回転はますます遅くなります。そしてそのことが器官や腺や系統の、やがては体全体の、老いや病気、不整合、機能不全を促し、老化を経験します。テロスで私たちが不老不死に到達したのは、主に自分自身を、また物理的生活において精神的な態度と感情体で行うすべてのことを、ネガティブなものがまったくない状態で保てるようになったからです。私たちは皆さんに教えている多くのやり方で定期的に自分たちをきれいにします。私たちの電子は私たちの体を常に若く美しく保つ速度で回転しています。不老不死は皆さんが理解しはじめさえすれば、途方もない奇跡ではなくて、神聖で自然な「本物のいのち」の発展です。

聴衆――マスターでも間違うことがあるのですか?

アダマ――マスターやマスター性について話すときには、さまざまなレベルがあることを理解しなければなりません。四次元にも五次元にも、すべての次元にマスターが存在します。人は各次元で、さらに高いレベルで熟達することを学びます。たとえば、もしあなたが四次元のマスターについて話しているのであれば、そうです、彼らは間違うこともありますが、皆さん全員と同じように、それも彼らが学ぶ過程です。皆さんは主に間違いから学びます。彼らは常に、彼らより高い次元のマスターの指導の下で、皆さんよりはるかに大きな叡智に取り組みます。ですから彼らの間違いはたいしたものではありません。より高いレベルではグループで、あるいは協力して物事を行うので、いつも全体の叡智や霊的にもっと高度に達している人たちの叡智から利益を得ます。

あなたが自分を判断することを除けば、あなたは決して自分の間違いを判断されることはありません。神聖な法則の概念を学ぶことにひどく抵抗があるために、叡智を学ぶために、そこからがんを発現させて死ぬことを魂のレベルで選ぶ人がいます。一方では、同じ種類のがんを発現させると決めても（必ず魂のレベルで）、それがこの人生で自分を癒してこれから学ぶためであれば、その人はとても容易に自然に癒されます。そのような人たちは自分の食生活などの態度を改めはじめます。人生で経験するすべてのことに感謝しはじめ、喜びと許しを育みます。再生と自己愛の感覚をもってこれを行うにつれて、真の癒しが起こります。何でも癒されることが可能です。それがどんなことでも！

何が人生に起ころうとも、たとえば火事で家を焼失しても、あるいは事故にあって片足を失っても、誰かが盲目になっても、他の人たちが大金を失うか縁を切られても、たとえそれが何であっても、彼らの挑戦が小さなことでも大きなことでも、怒り、落胆し、憤慨する代わりに、こう言ったらどうでしょうか？「そこから何を学んで癒せるか？」

挑戦から得るはずの学びに身をゆだねることが、それらを素早く通り抜ける鍵です。その時、あなたの人生は変わるでしょう。その後の人生で同じ学びを引き寄せることはありません。あなたは、それよりはるかに喜びをもたらす他のものへと移ることができます。学ぶのが必ずしも困難である必要はありません。しかし、多くの転生で学びを完全に無視することを繰り返し選んできた人たちにとっては、学ぶことが難しくなります。

学ぶことを見たくない、知りたくない、関わりたくないという生涯を重ねてきた人たちもいます。

そうすると、人生がもうこれ以上、魂の促しを無視させない時が来ます。そしてこのような時には、人生がしばらくの間とてもつらくなります。あなたは永遠に学びに取り組むように求められているのではありません。あなたは素早く学びの過程を通り抜けることができて、ついにはあなたという美しいダイヤモンドの光を外に現実化して表わしはじめます。そのあと悟りに到達します。あなたが取り組んでいる学びが現実となっているのは、そもそも「あなた」がつくってきたからです。神があなたを悩ませるためにすべての学びを送っているということではありません。「自由意志」の適切な使用か誤用によって、あなたが意識的あるいは無意識のうちに自分の現実をつくっているのです。

あなたが責任をとって、学ぶことを見つめて、「私がつくってきたこの混乱から学ぶ必要のあることは何か、またその中にどんな祝福があるのか？　その贈り物は何か？」と言うと、あなたが人生で経験しているどんなネガティブなまたは困難な状況も、それが適切なやり方で取り組まれるのであれば、非常に素晴らしいものに戻れることを知ってください。病気や財政上の損失でさえ、それらを受け取るあなたの意識がいったん開けば、はるかに多くの祝福が現実化する機会を開くことができます。どれほど多くの人が病気や破たんした関係から大きな叡智を得るでしょうか？

たとえば、皆さんの社会では動物を虐待している人がまだかなり大勢います。なぜかというと、彼らは自分の神性についての真実と、あらゆる命が一つであることから意識の中で遠くかけ離れているからです。いまだに多くの人が動物は無価値なもの、あるいは生命の低い形態だという幻想を抱いています。違いますか？　多くの動物を大量殺戮し、捨てて、檻《おり》に入れて、鎖でつなぎ、動物実験に使うなどしています。そのような経験を動物の魂に与えています。そのような動物の扱い方は、悟りを得た社会の性質を反映しているとは言えません。

人びとは、動物を虐待したり傷つけたりするとき、動物があるがままで根本的な創造主から「電子」という同じ材料でできていることを否定しています。あなたの体も、机や椅子やコンピューターもすべて同じエネルギーからつくられています。存在するすべてのものが神のエネルギーでつくられ、生きていること、そして根本的なエネルギーがみな同じであることをいったん十分に理解すれば、自分自身を同等に傷つけずに生き物を傷つけることは絶対にできないと完全に気がついて、常に関心を持つようになります。

自分自身や何かの生き物に害を与えるとき、それはあなた自身の創造になるので、その創造に使われたエネルギーがあなたのまわりに暗い場を発生します。あなたはいつかその場を自分で浄化しなければなりません。これが、熟慮するために挑戦やカルマとしてあなたの人生に戻ってくるものです。あなたが生命の一部を傷つけるときはいつでも、何を傷つけるかは問題ではありません。あなたはむしろ自分自身を傷つけているのです。いったん人類がこの原則を理解すれば、人類は分離の中で創造するのをやめて、この惑星上で本当に愛で創造しはじめるでしょう。そうすればすべてのものが原初の神聖な完全性へと戻るでしょう。

聴衆――アダマ、私にも付け加えさせてください。動物王国ばかりではなく、この惑星も、鉱物王国も、自然霊や四大精霊《エレメンタル》も、悟っていない人たちのせいで苦しんでいます。社会の多くの局面が地球を略奪し、そしてこのせいで、私たちはもはや神聖な恩寵の法則の下では機能していません。

アダマ――ああ、もちろんそうです。私は動物を一つの例として挙げているだけです。この惑星を汚して略奪している人たちは、自分への影響を伴わない行動には責任がないと思っているのでしょうか？　彼らはこの惑星を汚し、略奪し、水路を汚染し、呼吸に必要な空気を汚し、意識的にまさに生命の息吹を汚染するために空中にケムトレイル(訳注18)をつくっているため、みな自分がつくったものの報いを受けるでしょう。誰も神聖な正義の大法則を逃れることはできません。本当に誰も逃れられません。

自分で蒔いた種は自分で刈り取らねばなりません！　この時期に地上に存在する人の中には、この惑星と兄弟姉妹である人間に多くの害をずっと与えてきて、今でもそうしている人たちがいます。彼らは自分がつくってきた害と苦痛のすべてのせいで、生命に奉仕を捧げながら自分の道を改めて償うために、数多くの苦難の生涯をかけて愛を学ぶ必要があるでしょう。

聴衆――そのような人たちは、おそらくすぐに五次元へ行くことはない、と言っても過言ではありませんね。

(訳注18) ケムトレイル＝chemical trailの略。航空機が空中で散布する大量の化学物質による飛行機雲のような航跡で、健康被害が報告されている。

アダマ——確かに彼らがすぐに五次元へ行くことはありません。二〇一二年までにアセンションのプロセスを抜けて五次元の意識を経験するのはすべての人ではありません。その日付はコツコツと自分の準備を進めている人たちのためだけの日付です。それ以外の人類は、そのような神聖な恩寵を受け取るための全部の必要条件を満たすまで引き止められます。二〇一二年以前に次元上昇を遂げる人たちもいるでしょうが、そのあとで惑星と次元上昇を遂げる人たちもいるだろうと予想されます。また、準備があまりできていないために肉体を持ったまま三次元に残る人たちもいるでしょう。その魂たちは、たとえ準備が二十年または三十年、四十年、それ以上かかるとしても、そのレベルへ進むのに必要なだけ長く三次元そして／あるいは四次元に引き止められるでしょう。皆さんはずっと永遠という性質を持っているので、誰もあなたに何かを強制することはありません。

聴衆——地上のあちこちで間違って言われていることがもう一つあります。それは、地球がアセンション態勢に入ると、誰もが五次元に次元上昇することになるというものです。

アダマ——意識を無条件の愛に移行してきて、アセンションの他の必要条件をすべてコツコツと満たしてきた人たちは一人残らず、この惑星と一緒に次元上昇を遂げることは間違いありません。しかし、それ以外の人たちは分かるまで、また愛と合一の意識に移行するまで、自分の創造したものを経験して進化を続けなければならないでしょう。この時期にアセンションを選んでいる人たちには多くの援助や慈悲が与えられるでしょうが、ひたすらこれを拒む人たちはこの周期ではアセンションを成し遂げないでしょう。基本的に、この惑星上のほとんどの人は、たとえまだ霊的に目覚めていないとしても、愛情ある善良な人たちです。

しかし、この惑星上で繰り返し多くの問題をつくってきて、他人に多くの苦痛を与えてきた人たちもいます。たとえ彼らが今キリスト意識と整合することを選んでも、彼らはまだ、彼らの誤った創造の報いに直面して、経験しなければならないでしょう。彼らにとっては、アセンションは別の周期での可能性になります。実際のところ、ゆくゆくはすべての人が創造主のハートへ次元上昇して戻ります。ですから、それは時間の問題です。彼らが霊的なワークをすることを選択し、意識の中でアセンションを起こすために必要な変化をするときに、彼らにもアセンションが起こります。

自分の誤った創造に直面することや、すべてのバランスを愛に戻す必要から免がれる人は誰もいません。五次元は純粋さと愛、神性の完全さの場所です。カルマやネガティブな性質、暴力、暗闇という荷物を持って入ろうとするすべての人に五次元の門が開かれると思いますか?　絶対にそんなことはありません。そんなことをしたら五次元を汚染して、五次元に深刻な亀裂をつくることになるでしょう。それに、それこそ皆さんが離れようとしていることです。

すべての人が、選択した五次元へ次元上昇する機会を持つでしょう。しかし、今回すべての人がそれを選択しているわけではないことに気がついてください。アセンションの機会の扉はすべての人のためのものです。しかし、他の選択をしてきた人も多くいて、彼らの選択が支持され尊重されることを、あなたは理解しなければなりません。彼らは生成と再生の循環、生まれ変わりの周期、苦痛や苦難を十分に経験したら、他の選択をするでしょう。彼らは変化し、やがて彼らもまた次元上昇するでしょう。なぜなら、すべての人は神の計画の一部であり、また神の一部でもあるからです。

私は今すべての人にハートの中でこの選択をすることを勧めます。あなたは今すぐ次元上昇したいですか、それとも別の長い周期を待ちたいですか？

アセンションの回廊がこの時期に大きく開いているからといって、永遠に開いたままになるわけではありません。アセンションの回廊はとても長い間、この惑星の地上の住民には閉ざされてきました。そして、それらがいつ閉じて、いつ再び開くのか誰にも分かりません。この決定は私たちの権限の及ぶところではありません。私たちは知らないことを話すことはできませんが、機会の窓がいま大きく開いていて、再びそのように大きく開く次の機会が訪れるまでに数千年はかかるだろうということは知っています。決断できずに杭垣の上にとどまることがないよう、あなたに強く促します。いま来たいのか、あとで来たいのか、ハートの中でどちらかを選択して、その選択にゆだねてください。

今またはあとで来ることを本当に選択している人たちのために、大事なことをはっきり説明しましょう。地上にいま存在する人たちの中には、内なる世界ではアセンションに入る選択をしてきても、たとえば高齢者のように年齢のせいで、この生涯では必要条件を満たせない人たちが存在します。なぜなら、彼らにとっては浄化すべきことや理解すべきことがまだ多すぎるからです。そうするのは彼らには難しすぎるでしょう。年をとりすぎている人も、病気の体を持っている人もいます。彼らは魂のレベルでは、とても善良で何も害になるようなことをした人たちもいます。または、いまだにこのように理解することに完全に心を開く機会がない人もいます。彼らの多くは体を去るでしょうが、これは彼らがアセンションに入るということではありません。彼らへの神聖な恩寵は、私たちが向かっている「新しい世界」で彼らが新しい転生の機会を与えられ、次の人生でのアセンションのプロセスの方がずっと楽で楽しいということです。これが彼らへの神聖な恩寵です。

聴衆――エクセルシオールと呼ばれる新しい惑星に転生していく人たちは、五次元の地球に戻る前に、彼らのワークを終えることになっているのですか?

アダマ――エクセルシオールか他の場所に転生する人もいますし、地球での転生の周期が終わっていないのでここに戻って転生する人もいます。実はそれは問題ではありません。なぜかというと、この驚異的な小惑星は、長い間ここで苦しんできた魂を癒す助けをするために提供する多くのことがあり、地球とのつながりがあるからです。それはすべて同じアセンションの大計画なので、そこに転生していく人たちは、そこで次元上昇して、地球で私たち全員と会うでしょう。

この惑星上の人びとは四次元や五次元の意識に移行しながら、子どもを持ち続けるでしょう。高次元の文明はたいてい何らかの方法で子どもを持っています。これらの魂の多くは、すでに次の人生経験でアセンションに入ると選択してきたので、次の人生で肉体を伴うアセンションを遂げるでしょう。適切な機会はすべての魂にとって近い将来にあります。エクセルシオールに転生する人たちは、そこで黄金の機会を必ず得るでしょう。それは、ここに戻って転生する人たちと同じくらい驚異的な機会です。エクセルシオールは驚くべき美しい小惑星で、地球によく似ていますが、そこではまだどんなネガティブな体験もされたことがありません。エクセルシオールはレムリア、エデンの園にたとえられることがよくあります。エデンの園は意識が堕ちる前のレムリア初期に存在していた驚異的な優雅な状態のことです。多くの魂がこの二十年から二十五年の間に、ここからエクセルシオールに転生しています。ここからそこへ転生した魂は皆、その新しい住居をたいへん楽しんでいます。

今回は、肉体を若返らせる復活の炎の使用法についてもっと詳しく述べたいと思います。また今夜は不滅性にも触れたかったのですが、それは広大な主題です。不滅性について話す前に、復活の炎と、さらにその他のすべての炎の使い方を理解することが大切です。復活のエネルギーは肉体の不滅性を得るための、まさしく鍵となる波動です。もしあなたが肉体の死という過程を通らずに、今すぐに肉体とともに移行したければ、復活の炎が大いに役立つでしょう。いいですか、あなた自身の進化に本当に興味を持って、定期的に復活の炎をあなたの体に通過させると、その時にあなたは調和と美しさと活力をより一層体現しはじめますからね。その時に不滅性は、あなたの生命の流れの中でますます明白に表現しはじめます。

ある成熟度に達した魂は、年月が経つにつれて容姿が以前よりきれいになり美しくなるはずです。皆さんに進行中の老化の過程は、年を重ねていくにつれて将来自然に変わるでしょう。多くの人はすでに変わりはじめています。あなたは年をとっていくと、もうすぐ肉体で美しさと完全性をもっと表現しはじめるでしょう。これを聞いてあなたのハートは歌いませんか?

肉体が以前より歪んで、活力を失い、老けたように見えはじめるのは神性の属性ではなくて歪みです。復活の炎が、あなたを輝かせるために老化を反転させていく能力を持っていることを考えはじめるよう勧めたいと思います。もし体内のあらゆる細胞・原子・電子が復活の炎で輝きはじめるとしたら、あなたが明るく光輝くようになる、と想像できますか？　皆さんの体は神聖な自己のこの上もなく美しい形態をとるでしょう。あなたは年をとるにつれて、あなたの物理的形態においてますますこの上なく美しく神聖になるでしょう。これは私たちがテロスで達成してきたことで、そして今夜の主要なメッセージです。基本的に私たちは遺伝上みな同じなので、私たちが達成してきたことは、皆さん全員も私たちと同じように達成できます。瞑想の準備はできていますか？

瞑想――五次元の復活の神殿への旅

アダマ、サナンダとナダを伴って

私たちはいま皆さん全員を、復活の神殿と呼ばれる、五次元の驚くべき神殿への意識の旅に招待します。それは五次元の神殿すべてと同じように巨大な神殿です。この神殿が持つ機能の一つは、人類を真の復活のエネルギーで援助することです。真の復活は多くのレベルで起こります。あなたを苦しめるさまざまな問題が肉体的・精神的・霊的いずれの性質であっても、あなたは当面のそして将来の進化において、もはや単なる表面的な癒しも一時的な癒しも起こす気はありません。あなたが本当に望んでいることは、このエネルギーをあなたの肉体と意識に注ぎ込むことです。それがあなたの波動の周波数を、現在の生活環境の周波数より上昇させる手助けになることを知っているからです。復活の炎は、常にいつでも使えます。しかも費用がかかりません。あなたがその炎を呼び出してワークするとき、あなたの時間と集中力と愛を少々必要とするだけです。

では、何回か深く呼吸しながら、ハートの中で「私という存在」につながってください。あなたの光の体に、上から降りてきてあなたを覆って、意識の中であなたを復活の神殿へ連れて行くように頼んでください。光の体はあなたをそこへ連れて行く方法をよく知っています。もしあなたが私たちと一緒にその旅に来たければ、今ハートの中で意図を明確に述べてください。（間を置く）

このエーテル状の神殿はとても巨大で、遠くから黄金色の太陽のように輝いています。そのまわり中が黄金色の太陽光線の霧のように見えます。黄金色のクリスタルの太陽のような物質が、純然たる黄金色でなくオレンジがかった色で、壁や床として現われているのを見てください。ところどころで、それはまた他の炎の、つまり他の色の、波動の光度を反映しています。あなたの神聖な本質が光の体であなたをそこへ運んでいくと、あなたは意識の中でこの場所に気づきはじめます。今あなた自身が「復活のホール」と呼ばれる大ホールに入っていくのを見てください。そのホールには多くの面と多くの出入り口、それに多くの部屋《チェンバー》があります。異なる次元からも多くの存在がこのホールを使いに来ていて、そこはとても高い周波数で振動しています。今この神殿の守護者たちが一団となって、あなたに挨拶してここでの旅に付き添うために、あなたに近づいてくるのを見てください。

三次元の人の場合はこのあと、あなたの進化レベルと周波数の耐性のレベルに向けて設計された光の部屋へ案内されます。この銀河全体やそれ以外から多くの魂が日々ここへ充電して高められるために来るので、この神殿は大勢で賑わっています。この素晴らしい黄金色の炎のエネルギーを吸い込んで、あなたの存在のあらゆる部分にそれを吹き込んでください。（間を置く）

この炎は、あなたが現時点で持つ意識と生命と進化についての理解をさらに拡大するのを助けるでしょう。復活のエネルギーを吸い込んで、意識に統合してください。それを肉体のあらゆる細胞・原子・電子に吸い込んでください。あなたが定期的に復活の炎を使うにつれて、それはあなたの内部で永遠にますます拡大しつづけます。高次元の存在は彼らの意識をますます高めて拡大するために、そして次第に多くの神性を復活させて受け入れるために、今でもまだその炎を使っています。その可能性は無限なのです。

しばらくの間、私と一緒に復活のホールにいて、あなたに付き添うことを親切に申し出てくれた神殿の存在たちと一緒にいてください。毎日、何百万もの復活の炎の天使たちが人類を、とくに天使たちとこの炎との意識的な接触を依頼して、そうする人たちを育んで助けています。あなたはこの炎だけでなく、この素晴らしい天使たち全員とも接触できます。彼らはあなたが霊的自由に戻るまで、あなたと一対一で働いて、あなたを育み、愛そうとしています。この驚くべき黄金色のホールに立っていると、地球と進化中の人類を援助するために、数え切れないほどの復活の黄金色の炎があらゆる形と大きさで燃えているのが見えるでしょう。それは創造主の源の「永遠の無尽の生命の炎」のもう一つの面として、全生命とこの惑星を三次元だけでなく、地球と銀河とこの宇宙内外のあらゆる次元で援助するために永続的に燃えています。

このホールに入って目にする驚異のすべてを眺めながら歩いていくと、あなたは地上の住民専用の特別な輪のところへ来ます。この輪はさまざまな形と大きさの炎でできています。それらは多種多様の花々に少し似ています。それらは復活の座で、この神殿を訪れている魂たちに、座って静かに彼らの体をそのエネルギーに浸すよう誘っています。では復活の座の一つを選んで、どうぞ座ってください。あなたを呼んでいる復活の座に座ってください。それは蓮の炎ではありませんが、まるで蓮の花に座っているようです。あなたのエネルギーを上げるために、この黄金色の炎はあなたを、あなたの体のあらゆる部分を完全に包みます。座ってこの驚くべき経験についてじっくり考えるとき、できるかぎり息を吸って吸収してください。それがあなたの存在のあらゆる面を貫いているのを感じてください。

ここで数分とって、あなたが通り抜けたいことや最も復活したいと思っている人生の領域を意識的に要請してください。あなたに伴っている天使たちが、あなたの要求に注意をはらっていて、あなたを育んで愛しています。あなたが受け取っている大きな贈り物に焦点を合わせ続けてください。呼吸を続けてください。なぜかというとあなたと一緒に、あなたの肉体の中にこのエネルギーをできるかぎり多く持ち帰りたいからです。あなたが取り込めば取り込むほど、あなたの波動がますます上がります。

あなたの体に復活のエネルギーが刻まれているのを感じてください。またどんな感じがするのか、どのように影響を受けているのかに気がついてください。その感覚を呼び覚まし、生命のあらゆる面をもっと感じるように、あなたの感覚的な体を開放してください。あなたのハートにもたらされている喜びを感じてください。できるかぎり吸収して、あなたがそこでどれほど軽くなっていくかを感じてくださ い。まるで天使があなたを運んでいるような感じがします。あなたの波動をこの素晴らしい炎まで上げるという意図を、意識的に設定してください。その炎は、あなたが癒してバランスをとろうとしている多くの厳しい状況から、文字どおりあなたを持ち上げることができます。

復活の炎の勢いであなたを手助けしてくれるよう、遠慮せずにマスター・イエス／サナンダと彼の最愛のナダに頼んでください。彼らはその炎のマスターですから。もしイエスとしてのサナンダが死んだ彼自身の体をよみがえらせ、同じエネルギーを使ってラザロも生き返らせることができたのなら、彼があなたを大いに助けることができるのは確かです。彼が行ったことは、あなたにもできますが、彼がしたように、ある程度の期間にわたってあなた自身の勢いをつけなければなりません。あなたはこの炎を使って文字どおり自分自身の体を、完全性、美しさ、輝き、光度、不滅性、無限の絶対的な神聖な状態に復活させることができます。

終わったと感じたら、復活の座から立ち上がり、復活のホールの入り口で私たちと再び会うために戻ってください。完了したという感覚を感じたら、完全に意識を地上のあなたの体に戻してください。つながりはそのまま残ります。このエネルギーをあなたとともに持ち帰ってください。また、あなたが望むときは、いつでも復活の神殿で座るために自由に戻ってよいことを知ってください。そして毎回すべての恩恵を受け取ってください。毎日行っても、好きなときに何度行ってもかまいません。

不老不死の霊薬《エリクシール》は復活の炎から生じます。

今、テロスと光の共同体の全員から皆さんに愛と平和と調和と癒しを送ります。私たちがいつも皆さんとともにいて、あなたが呼べばあなたのすぐ近くにいることを知ってください。あなたが私たちとつながりたいと望むときはいつでも、私たちのハートは開いています。私たちは皆さんの兄弟姉妹で、皆さんをたいへん愛しています。そしてそうなります。

オレリア――アダマ、たいへん素晴らしいメッセージと瞑想と、私たちの人生のために私たちに復活の炎とその多くの属性を紹介してくれて、ありがとうございます。なんて素晴らしい贈り物と祝福！　素晴らしかったです。また、サナンダとナダが今日ここにいて愛と輝きを与えてくれたことに心から感謝します。アダマ、サナンダ、ナダ、私たちはあなた方をたいへん愛しています。皆さんが、現在の皆さんのような素晴らしい教師であることに感謝します。

アダマ――私たちも楽しませてもらって、とても喜んでいます。私たちはこの内容を皆さん全員に紹介できるこの日を楽しみにしてきました。そして私たちはまた皆さん全員をたいへん愛しています。ご存じでしょうが、あなたが行うにせよ、あるいは怠けるにせよ、私たちの領域で見過ごされることはありません。あなたは、あなたのワークと勤勉さによって愛の素晴らしい真珠をつくりはじめています。いつかこれらの真珠を収穫することを確信してください。あなたが愛の状態で何をつくろうとも、あなたは愛の状態でそれを収穫するでしょう。

テロスでは、ついに私たちが地上で発信して私たちの声が聞かれ読まれるこの機会にとても感謝しています。私たちはとても長い間、このような機会を待ち続けてきました。私たちは地上の兄弟姉妹とハートとハートで再びつながることを熱望してきました。私たちの文明と皆さんの文明の間に今、橋が架けられましたが、皆さんの側より私たちの側の方がかなり強いです。皆さんはまだ私たちとの橋をもっと大々的に強化しなければなりません。私たちが皆さんの中に姿を現わして出ていく前に、まず皆さんの側からもっと大人数でハートのつながりがつくられなければなりません。十分な人びとが用意できて、私たちの教えを進んで受け入れようとするとき、私たちは視覚的に、そしてもっと公に私たちの存在を知らせるでしょう。

聴衆――本当に、私たちは皆さんの多くの教えを再び聞くのが待ちきれない思いです。あの、もう一度、言わせてください。最愛の友人たち、ありがとう。本当にどの瞬間もすべてが価値ある時間でした。再びお会いするときまで、アダマ、サナンダ、ナダ、その他のテロスの皆様に祝福がありますように。

第17章　調和の炎

アセンションの資格取得を体現する主な秘訣
ゾハールの締めくくりの言葉による最終章

オレリア――ゾハールは地球内部の都市シャンバラ出身のとても古代のマスターです。彼の言うところによると、彼はこの惑星ではとても古い存在で、同じ体で二十五万年も生きているそうです。身長は約四・五メートルで、三十五歳くらいに見えて、輝く白い髪をしています。老化による白髪ではなくて、ハート内部の白い光の強さからなるものだということです。彼は自然と生き物についての科学者で、人生のほとんどを都市シャンバラで暮らしています。彼のお気に入りの主題に「調和」の意識があります。それは、アセンションの祝賀に入るのを許される意識レベルを達成する主な秘訣です。

彼はまた、彼の存在でもってテロスに光を照らした人です。レムリア人が最初にテロスに移った一万二千年前に、都市テロスの確立を導いて助けました。その五千年前にも、彼らを援助し助言しています。それはテロスで彼らの大陸が滅びると運命づけられ、彼らが住める都市を初めて準備しはじめたときのことです。

ゾハールが私に言うには、はじめシャンバラでは、このレムリア文明が地球内部のアガルタ・ネットワークに参加することから何が予想できるか、誰も分からなかったということです。その時、シャンバラにおいて、彼らはもっとよく監視される必要があると決定されたそうです。

ゾハールはこの一万二千年の間、テロスで多くの時間を過ごしてきたので、光と愛のその都市に心から愛着を抱いていると言います。はるかに長く存在してきた地球内部の他の文明と比べて、かなり短期間でレムリア人がテロスで達成してきたことを、一万二千年前には惑星や銀河間のどの議会もまったく想像できませんでした。

以下は彼の言葉です。「私はこの一万二千年の間、とくにはじめの頃、テロスで多くの時間を過ごしてきた。この場所を、私自身の都市シャンバラと同じくらい愛するようになった。今でもまだ私はテロスで多くの時間を過ごしているが、以前と同じ理由からではない。今そこへ行くのは、もはやテロスの住民の進歩や発達を監視するためではなく、この驚くべき光の都市の住民のところにいることを、たいへん愛していて楽しんでいるというそれだけの理由からだ。文明とその住民が集合的に創造主の愛を完全に体現しようと決心するとき、愛と調和が奇跡を起こせる。テロスで美しさや豊かさ、兄弟愛、創造性がそのような完全性の中に存在することは、他のどの場所よりもテロスにおいて、そのような奇跡がうまく起こっていることを例証している。テロスとその住民は、愛が成し遂げられる驚異の、宇宙的な傑出した好例だ」

彼は過去において短期間、地上に来たことが何度かあって、地上の人たちと会って話をするのはとても楽しいと語っています。そして「私のハートは、あなたたち全員の中で再び兄弟として歩いて、私の導きと叡智をあなたたち全員に与えたいと、テロスにいるあなたのレムリアの家族のハートと同じくらい熱望している」と付け加えました。

ゾハール――最愛の兄弟姉妹よ、こんにちは。私はゾハールです。

オレリア、あなたの本で述べるよう依頼してくれて、ありがとう。そのような活動と、そして私のメッセージを読む一人ひとりとハートを通わせる機会に、私のエネルギーを提供することを本当に喜んでいます。

このように言わせてください。この世界が完全に光明を得て光の中に持ち上げられるためには、ここに住んでいるすべての人が「調和」の人格を帯びなければなりません。すべての人がこのようにしなければなりません。要するに、それは必要条件です。逆に、そうしようとしない人たちは、彼ら自身の傲慢さによって引きずり降ろされるでしょう。そして光の欠乏によって病気にかかり、そのまま死ぬでしょう。彼らには新しい世界で幸せな状態でいる能力がないことが主な理由です。分かりますか？

最愛の皆さん、これは今あなたが選択することです。あなたがそうすることを選ぶか選ばないか、そのどちらかです。あなたの進化の結果は完全に、あなた自身が毎日毎瞬行う選択にかかっています。

地上の住民は今「集まり」と呼ばれているものに近づいています。この世界に存在する勢力、イルミナティという影の側の勢力がなんとしてもこれを阻止しようとしていることを知ってください。彼らがそれを止めようとすればするほど、皆さんは正しいことをしていて、それに近づいていくことが分かるでしょう。理解できていますか?

皆さんの政府はまだ、地球内部の住民がとても長く、政府の人たちの限られたマインドで想像しうるよりずっと長く、地球内部に存在してきたことを分かっていません。この惑星を任されているのは彼らではないことや、分離の中での彼らの支配の時間がまもなく劇的な終わりを迎えることを、彼らはまだ悟っていません。まもなく彼らの幻想の泡がしぼみ、彼らの責任の周期がやって来るでしょう。

今、自分の人生で調和を受け入れようとしない人たち全員から離れるときです。調和の体現を望む人や、テロスの家族の中で受け入れられたいと望む人は皆、以下に挙げることをしなければなりません。

・いつでも生き物と自然のすべてとともに調和の状態にいるように努力しなければなりません。調和がなければ、不和が存在するからです。そして不和があれば、破壊が存在します。

・人びとが言うことや行うことに関係なく、「調和を維持しなければなりません」。もし誰かがあなたを傷つけようとするなら、その時、彼らを祝福しなさい。そして、あなた自身の真実であるものとともに進みなさい。あなたのためにならないので、彼らをあなたの現実の一部にしてはいけません。

・もし不調和な状態に遭遇したら、その時は距離を置きなさい。調和が君臨しないところにとどまる義務はありません。

・常に真実と調和を探しなさい。そして、もう二度とこの進路から外れるのを許してはいけません。そうしなければあなたは自滅します。今この惑星に殺到している新しいエネルギーに抵抗しつづける人たちは、あまり長く抵抗できません。新しいエネルギーは、皆さんが待ち続けている変化と変容をもたらすために今とても強く激しくなっているので、抵抗する人たちは自滅するでしょう。

・もはや不調和や罪の感情を抱いてはいけません。現在のあなたに対して、あるいは人生の負債のバランスをとるために通り抜けていることに対して後悔してはいけません。逆に、常に自分自身を向上しようと努力し、あなたが受け取っている援助に感謝しなさい。

・調和はあなたの人生の第一の性質であるべきなので、調和が「アセンションのホール」の入場許可への道を敷くことを確信しなさい。あなたはそのレベルに達するときが分かるでしょう。なぜならその時、どんなことがあっても、あなたを邪魔することがなくなるからです。たとえ人びとがあなたに何を言っても行っても、いずれにせよあなたのハートを悲しませることはなくなります。

・完全な調和の状態にいる人は、神の創造した世界に完全に満足しています。そのような人は物事をそのまま完全に受け入れます。あなたがそのようになれば、あなたはアセンションの準備ができています。

私はテロスとつながりがあるので、ほとんどテロス人と言ってもよいでしょう。ですから私もまた光の中であなたに挨拶して、あなたの勝利を擁護するためにテロスにいるつもりです。最愛の友人たちよ、ナマステ。私は皆さん全員をたいへん愛しています！

付記——癒しの第五光線と翡翠の大神殿に関する情報は、テロス・シリーズの第一巻『レムリアの真実』に含まれています。神の意志の第一光線と変容の紫色の炎の第七光線に関しての情報は、それに続く第二巻『レムリアの叡智』に含まれています。

生き物と自然のすべてとともに、
あなたはいつでも調和の状態に
とどまろうと努力しなければならない。
調和がなければ、不和が存在するからだ。
そして不和があれば、破壊が存在する。

——ゾハール

テロス・ワールドワイド・ファンデーション

使命

私たちは、テロスからの情報と教えを広めることに専念し、レムリアの兄弟姉妹が地上にやがて出現して、再び一緒になるために準備をしている非営利団体です。

目標

私たちは以下のような事柄を目標にしています。

＊ カナダと世界におけるレムリアの使命の拡大
＊ テロスについての著述やワークの支援
＊ 組織を準備しテロスの教えを促進する他のグループ、とくに国際的グループの支援
＊ 教えと仲間のためのセンター構築
＊ 目標達成のために必要な資金の調達

住所：Telos World-Wide Foundation, Inc.
Center 7400
7400 St. Laurent, Office 226
Montreal, QU-H2R 2Y1-CANADA

電話番号：(001 Intl.) 1-514-940-7746

Eメール：info@fondationtelosintl.com　info@telosmondiale.com
fondation@lemurianconnection.com

ウェブ・アドレス：http://www.fondationtelosintl.com
http://www.telosinfo.org

Telos-France

http://www.telos-france.com

Telos-Japan

http://www.telos-japan.org

訳者あとがき

本書を手に取ってくださり、ありがとうございました。

本書は『レムリアの真実』『レムリアの叡智』に続く第三巻です。三部構成になっていて、第一部が五次元に入るための方法と練習について、第二部がさまざまな存在のチャネリング、第三部が光線のワークです。アダマたちは「はじめに」の中で「これを読んだあとどうするかはあなた次第」だと述べて、彼らの教えを日常生活で実際に使わないのか、ずっと使い続けるかと私たちに問いかけています。また本文の中でも、どれほど多くの教えを読んでも自分に統合しなければ、多くの教えも「ガラクタ」にすぎないと述べています。

やったりやらなかったりでは駄目だよ、とも……。

さて、『レムリアの叡智』にハートの音を聞く内容がありましたが、本書でもさらに詳しく説明されています。

私は、ハートの音を聞くのは気に入っていたのですが、いつのまにかやらなくなり、そしてある日、久しぶりに取り組もうと気持ちを新たにしたことがありました。

大いなる自己（自分の神性）にもっと意識的につながりたいと依頼してからハートに入り、しばらくの間ただ音を聞くのに集中していると、考えが浮かんできました。

「ハートの音とは自分の神性の周波数である。ハートの音を聞くということは、ラジオのように、周波数を本当の自分に合わせるということだ。難しいことを習得するということではなく、ただ周波数を神性にチューニングするだけのことだ。少しずつこの周波数に合わせていくのではなく、いきなりこの音を聞くのだから、慣れるまでは聞こえにくいかもしれない。でも続ければ、合わせる周波数の精度がより正確になって、クリアに聞こえるようになるに違いない」

この考えが自然に浮かんだことについて、さらに考えました。

「こういう考えが浮かんだこと自体が、つながっている証拠にちがいない。ということは、何か質問したいときは、この状態で質問して答えを待てばいい。あとは、続けることが大切」

このとき、ハートの音を聞くことの意味がやっと分かったような気がして、なんだかものすごく嬉しかったのを覚えています。

同時に、やる気や取り組む姿勢が大切であることにも気づきました。

本当にものすごく意欲的に取り組んだら、まるで答えのように考えが浮かんできたので、取り組む姿勢がすごく大きいのだろうと思いました。アダマが「ハートのすべてのエネルギーをもって」というような表現をしていますが、心から取り組む姿勢や、やる気のことをいうのでしょう。同じことをしても形だけの場合と、心底やる気がある場合とでは違うようです。

また、ハートの音を聞きながら眠りにつこうとしていたときに、その波動が体中に広がりはじめるのを感じたことがあります。つい「これは面白い！」などと頭で考えはじめてしまったので、ほんの一瞬のことでしたが、それでも広がる感覚を少し味わうことができました。

そのときも、やはりそのすぐあとで考えたことがあります。

「ハートの音の波動が広がるということは、最初はハートの音を聞いているだけでも、そのうちに自分が共鳴して、その周波数で振動するようになるということだ。身体がその周波数に満ちれば、完全な健康になるはず。この波動が広がれば、自分のエネルギー全体がハートの周波数で振動するということになる」

このように自分の言葉で自然に考えが浮かんでくるとき、同時に本の内容も頭に浮かんできます。

こうして、少しずつ自分の中で理解が進んでいくような気がします。

皆さまにも、ぜひ本書の内容をお試しいただければと思います。

最後に、アダマや著者のオレリア・ルイーズ・ジョーンズさんをはじめ、この本に携わってくださったすべての存在とすべての方々に、深く感謝の意を表したいと思います。また今回も、太陽出版・編集部の片田雅子さんには大変お世話になりました。心よりお礼申し上げます。

二〇〇九年三月

片岡佳子

新しいレムリア

シャスタ山の地下都市テロスからのメッセージ

訳者紹介

片岡佳子（かたおか・よしこ）

東京生まれ。津田塾大学学芸学部英文学科卒業。大手企業のシステム業務、筆跡診断士を経て翻訳業へ。
訳書に『レムリアの真実』『レムリアの叡智』（太陽出版）がある。

2009年4月22日　第1刷
2011年11月3日　第2刷

［著者］
オレリア・ルイーズ・ジョーンズ

［訳者］
片岡佳子

［発行者］
籠宮良治

［発行所］
太陽出版

東京都文京区本郷4-1-14　〒113-0033
TEL 03(3814)0471　FAX 03(3814)2366
http://www.taiyoshuppan.net/
E-mail　info@taiyoshuppan.net

装幀＝田中敏雄(3B)
［印刷］壮光舎印刷［製本］井上製本
ISBN978-4-88469-620-7